高等职业教育高水平专业群创新系列教材·汽车类

汽车结构性能与使用
（第 2 版）

主　编　韩　东　靳光盈

副主编　毛英慧　张　雪

"互联网＋"教材

全书配套资源

北京理工大学出版社
BEIJING INSTITUTE OF TECHNOLOGY PRESS

内 容 简 介

本书作为汽车技术服务类高职高专汽车知识与技能的入门教材，较为全面系统地介绍了燃油汽车和新能源汽车的结构、配置与性能和正确使用与维护。

本书分三个项目，九个任务，主要内容有：汽车基础知识、汽车动力源认知、汽车底盘系统认知、汽车电气系统认知、汽车配置解读、汽车性能评判、汽车的正确使用、汽车工作液认识、汽车的常规维护保养。

本书可作为高等职业院校汽车技术服务类专业教学用书，也可作为汽车爱好者学习用书。

版权专有　侵权必究

图书在版编目（CIP）数据

汽车结构性能与使用 / 韩东，靳光盈主编. -- 2 版. -- 北京：北京理工大学出版社，2021.7（2021.9 重印）
ISBN 978-7-5763-0026-0

Ⅰ. ①汽… Ⅱ. ①韩… ②靳… Ⅲ. ①汽车－结构性能－教材②汽车－使用方法－教材 Ⅳ. ①U463②U471.2

中国版本图书馆 CIP 数据核字（2021）第 136356 号

出版发行 / 北京理工大学出版社有限责任公司	
社　　址 / 北京市海淀区中关村南大街 5 号	
邮　　编 / 100081	
电　　话 /（010）68914775（总编室）	
（010）82562903（教材售后服务热线）	
（010）68944723（其他图书服务热线）	
网　　址 / http://www.bitpress.com.cn	
经　　销 / 全国各地新华书店	
印　　刷 / 唐山富达印务有限公司	
开　　本 / 787 毫米 × 1092 毫米　1/16	
印　　张 / 15.75	责任编辑 / 徐艳君
字　　数 / 393 千字	文案编辑 / 徐艳君
版　　次 / 2021 年 7 月第 2 版　2021 年 9 月第 2 次印刷	责任校对 / 周瑞红
定　　价 / 48.00 元	责任印制 / 李志强

图书出现印装质量问题，请拨打售后服务热线，本社负责调换

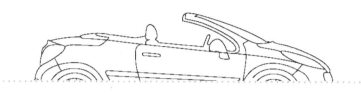

前 言

PREFACE

随着我国汽车工业的迅猛发展，汽车作为代步工具走进了我们生活的各个角落。截至 2020 年年底，全国机动车保有量达 3.67 亿辆，其中汽车 2.7 亿辆。随着汽车行业的持续发展，整个行业人才需求依然旺盛。为适应社会需求，满足高等院校汽车专业人才培养需要及社会上汽车爱好者自学需要，根据多年的教学经验编写了本书。本书从汽车相关人才必备的基础知识入手，先介绍燃油汽车及新能源汽车的各总成作用、构成及构造，再引申到汽车从业人员所面对的客户最感兴趣的汽车各项配置、性能，最后介绍汽车各项功能如何正确使用及车辆的正确保养，是学习汽车入门知识不可多得的教材，也为后续学习汽车检修、汽车常见故障、汽车鉴定与评估、汽车商品推介等课程打下扎实的基础。本书内容注重实践，以配合汽车构造类台架、功能完备的实车为宜。

本书共分为三个项目，九个任务：任务一汽车基础知识入门；任务二汽车动力源认知；任务三汽车底盘系统认知；任务四汽车电气系统认知；任务五汽车配置解读；任务六汽车性能评判；任务七汽车的正确使用；任务八汽车工作液认知；任务九汽车的常规维护保养。

本书特点可归纳为：

1. 覆盖面广。充分考虑到新能源汽车的发展趋势，在相应任务中均有所介绍。

2. 通用性好。从结构到性能，再到使用，以目前畅销车型为例进行基本介绍，数据更至最新。

3. 充满趣味性。以日常生活中经常面临的场景为案例，吸引读者步步深入解决实际问题。

4. 使用方便，可操作强。每个学习任务，设置了任务引入、理论学习、案例研学、课外拓学、实践操作和任务总结等栏目。以"理论+视频+案例+实操"为学习路径，促使技能的真正掌握。

本书由长春汽车工业高等专科学校韩东、靳光盈任主编，毛英慧、张雪任副主编。任务六、任务九由韩东编写；任务一、任务五、任务八由靳光盈编写；任务二、任务三由毛英慧编写；任务四、任务七由张雪编写。

在编写过程中参考了大量已出版的相关文献资料和网络资料,在此对其作者深表感谢!

由于编者水平有限,书中错误和缺陷在所难免,希望广大读者对书中误漏之处给予指正,在此表示感谢。

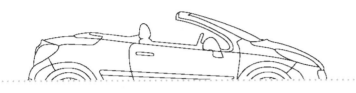

目 录
CONTENTS

项目一 汽车结构

任务一　汽车基础知识 ································ 003
  1.1　汽车的定义 ································ 003
  1.2　汽车的分类 ································ 004
  1.3　汽车的组成 ································ 006
  1.4　汽车识别码 ································ 009
  1.5　汽车的行驶原理 ································ 011

任务二　汽车动力源认知 ································ 016
  2.1　汽车动力源的分类 ································ 016
  2.2　发动机的基本结构 ································ 018
  2.3　曲柄连杆机构 ································ 023
  2.4　配气机构 ································ 027
  2.5　汽油机燃油供给系 ································ 028
  2.6　发动机润滑系 ································ 032
  2.7　发动机冷却系 ································ 033
  2.8　发动机点火系 ································ 035
  2.9　发动机起动系 ································ 036
  2.10　新能源汽车动力电池 ································ 037
  2.11　驱动电动机 ································ 038

任务三　汽车底盘系统认知 ································ 046
  3.1　传动系 ································ 046
  3.2　行驶系 ································ 065

3.3 转向系 ……………………………………………………………… 077
3.4 制动系 ……………………………………………………………… 081

任务四 汽车电气系统认知 …………………………………………… 096
4.1 汽车电气系统简介 ……………………………………………… 096
4.2 汽车电气系统的基础元件 ……………………………………… 097
4.3 汽车电路的特点 ………………………………………………… 101
4.4 电动汽车电气系统 ……………………………………………… 102

项目二 汽车的配置和性能

任务五 汽车配置解读 ………………………………………………… 111
5.1 基本参数 ………………………………………………………… 111
5.2 主/被动安全装置 ………………………………………………… 114
5.3 辅助/操控配置 …………………………………………………… 120
5.4 外部/防盗配置 …………………………………………………… 125
5.5 内部配置 ………………………………………………………… 126
5.6 多媒体配置 ……………………………………………………… 129

任务六 汽车性能评判 ………………………………………………… 141
6.1 汽车动力性 ……………………………………………………… 141
6.2 汽车燃油经济性 ………………………………………………… 149
6.3 汽车制动性 ……………………………………………………… 151
6.4 汽车通过性 ……………………………………………………… 154
6.5 汽车舒适性 ……………………………………………………… 156
6.6 汽车操纵稳定性 ………………………………………………… 158
6.7 新能源汽车评价参数 …………………………………………… 160

项目三 汽车的使用与维护

任务七 汽车的正确使用 ……………………………………………… 171
7.1 汽车操纵机构的使用 …………………………………………… 171
7.2 轮胎的使用 ……………………………………………………… 202
7.3 汽车在特殊条件下的使用 ……………………………………… 204

任务八 汽车工作液认识 ······ 211
8.1 汽油 ······ 211
8.2 柴油 ······ 214
8.3 发动机润滑油 ······ 216
8.4 发动机冷却液 ······ 218
8.5 齿轮油 ······ 219
8.6 自动变速器油（ATF） ······ 221
8.7 制动液 ······ 222
8.8 转向助力油 ······ 223

任务九 汽车的常规维护保养 ······ 229
9.1 汽车维护保养概述 ······ 229
9.2 汽车维护保养的内容 ······ 230
9.3 电动汽车维护保养 ······ 234

参考文献 ······ 241

项目一
汽车结构

　　汽车作为一种交通运输工具,对人们来说并不陌生。随着国民经济的快速发展,人民生活水平得到了大幅度提高,寻常百姓拥有自己的汽车已不再是梦想。但要说到汽车都有哪些类型、汽车的基本结构、汽车各部件的功用等,大多数人并不是很清楚,所以,越来越多的人产生了了解汽车结构的迫切愿望。本项目主要介绍燃油汽车和新能源汽车的基本构造。

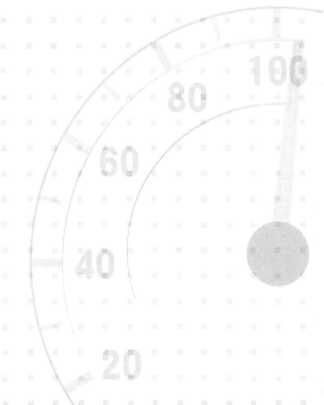

任务一
汽车基础知识

小张到汽车 4S 店询问，说看中了某款轿车，但发现该车型 2020 款和 2021 款在外形上没有区别，他想要买最新款，又担心提错车。到底用哪些方法可以进行正确识别呢？

知识目标：
1. 了解燃油汽车和新能源汽车的定义、分类和组成；
2. 掌握 VIN 的含义；
3. 能够说明汽车行驶的基本原理。

技能目标：
1. 能够按照汽车不同的分类方式判断车辆的类型；
2. 能够识别车辆外部结构件和覆盖件；
3. 能够找到 VIN 所在位置并说明含义。

理 论 学 习

1.1 汽车的定义

我国 GB/T 3730.1—2001《汽车和挂车类型的术语和定义》对汽车的定义为：由动力驱动，具有四个或四个以上车轮的非轨道承载的车辆，主要用于载运人员和/或货物、牵引载运人员和/或货物的车辆或特殊用途的车辆。

我国工业和信息化部公布的《新能源汽车生产企业及产品准入管理规定》中对新能源汽车的定义是：采用新型动力系统，完全或者主要依靠新型能源驱动的汽车，包括插电式混合动力（含增程式）汽车、纯电动汽车和燃料电池汽车等。

1.2 汽车的分类

1. 按用途分类

GB/T 3730.1—2001 中，汽车按用途可分为乘用车和商用车，如图 1-1 所示。其中普通乘用车、活顶乘用车、高级乘用车、小型乘用车、敞篷车和仓背乘用车也可俗称轿车。

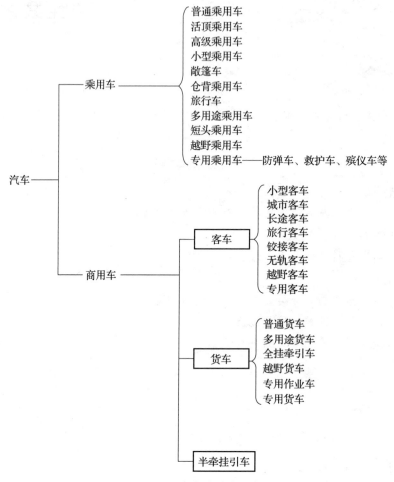

图 1-1 汽车按用途分类

（1）乘用车

乘用车是在设计和技术特性上主要用于载运乘客及其随身行李和/或临时物品的汽车，包括驾驶员座位在内最多不超过 9 个座位。

（2）商用车

商用车是在设计和技术特性上用于运送人员和货物的汽车，并且可以牵引挂车，乘用车不包括在内。

2. 按动力装置分类

汽车按动力装置可分为燃油车（汽油车和柴油车）、混合动力汽车、纯电动汽车、燃料电池电动汽车。

(1) 汽油车

汽油发动机产生高功率，外形紧凑，广泛用于轿车。

(2) 柴油车

柴油发动机能产生大转矩，燃油经济性能好，广泛用于卡车和多功能运动车（SUV）。

(3) 混合动力汽车

通常所说的混合动力汽车是指油电混合动力汽车，即采用内燃机（柴油机或汽油机）和电动机作为动力源。这类车型的动力主要以发动机为主，以电池为辅。电池主要在起动车辆、起步、急加速等情况下起作用，超过一定时速，就会转换为发动机带动汽车前行，电池通过发动机进行充电。因此，油电混合动力汽车属于节能车，但不是新能源车。

插电式混合动力汽车可以通过充电设施给电池充电，电池的电用完后，可以直接转换燃油发动机。目前，插电式混合动力汽车只靠电池行驶的里程一般在 50~100 km，比较适合在市区行驶，而正是由于插电式混合动力汽车可以完全靠电池行驶较长的距离，所以被划分到新能源汽车类别。

(4) 纯电动汽车

利用动力电池作为储能动力源，通过动力电池向电动机提供电能，驱动电动机运转，从而使汽车行驶，但动力电池需要通过充电设施进行充电。其优点是无废气排放和低噪声。

(5) 燃料电池电动汽车

目前，纯燃料电池汽车较少，其主要是以压缩氢气或液化氢气作为燃料。

3. 按发动机和驱动桥在汽车上的位置分类

发动机和驱动桥在汽车上的位置如图 1-2 所示。

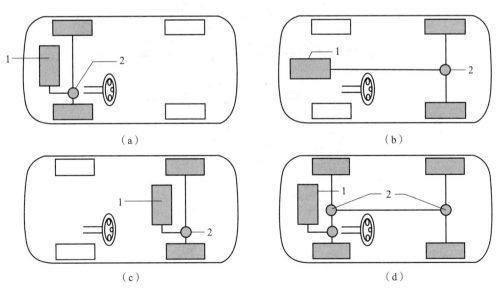

图 1-2 发动机和驱动桥在汽车上的位置

(a) FF（发动机前置/前轮驱动）；(b) FR（发动机前置/后轮驱动）

(c) MR（发动机中置/后轮驱动）；(d) 4WD（发动机前置/四轮驱动）

1—发动机；2—驱动桥

(1) FF 汽车（发动机前置/前轮驱动汽车）

由于 FF 汽车没有传动轴，故乘员室内宽敞舒服。发动机靠近驱动轮，传动效率高，燃油经济性好。大部分轿车采用这种布置形式。

(2) FR 汽车（发动机前置/后轮驱动汽车）

由于 FR 汽车有很好的重平衡，故其控制性和稳定性很好。大多数货车、部分轿车（尤其是高级轿车）和部分客车都采用这种驱动形式。

(3) MR（发动机中置/后轮驱动汽车）

由于 MR 汽车在前桥和后桥上有很好的重平衡，故其控制性很好。大多数高性能跑车和超级跑车都采用这种形式。

(4) 4WD（四轮驱动汽车）

4WD 汽车是指汽车前后轮都有动力驱动，汽车的通过性得到很大改善。部分中高级轿车、SUV 和越野车采用这种形式。

1.3 汽车的组成

目前，燃油汽车和纯电动汽车的应用较为广泛，下面主要介绍燃油汽车和纯电动汽车的组成。

1. 燃油汽车的组成

燃油汽车通常由发动机、底盘、车身和电气设备等部分组成。如图 1-3 所示。

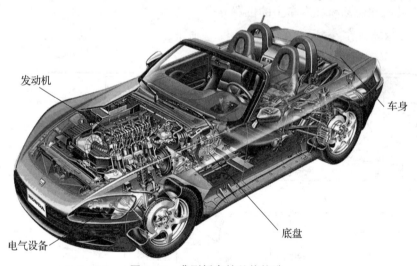

图 1-3 典型轿车的总体构造

发动机是汽车的动力装置，如图 1-4 所示，其作用是使供入其中的燃料燃烧而发出动力。一般汽车都采用往复活塞式发动机，它由曲柄连杆机构、配气机构、燃料供给系、冷却系、润滑系、点火系（汽油发动机使用）和起动系组成。

汽车底盘包括传动系（如图 1-5 所示）、行驶系（如图 1-6 所示）、转向系（如图 1-7 所示）和制动系（如图 1-8 所示）。底盘的作用是支撑和安装发动机及各部件、总成，形成汽车的总体造型，并接受发动机的动力，使汽车运动，保证汽车正常行驶。

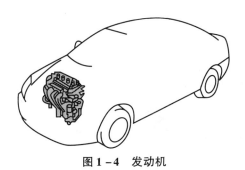
图1-4 发动机

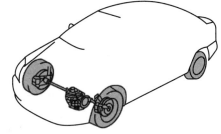
图1-5 传动系

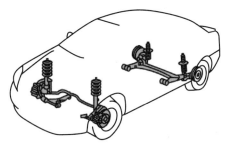
图1-6 行驶系

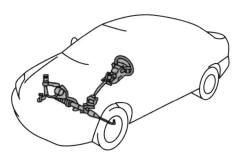
图1-7 转向系

车身是形成驾驶员和乘客乘坐空间的装置，也可存放行李等物品，因此，要求它既要为驾驶员提供方便的操作条件，又要为乘客提供舒适的环境；既要保护全体成员的安全，又要保证货物完好无损。也就是说，车身既是保安部件又是承载部件。在现代汽车中，它又是技术与艺术有机结合的艺术品。轿车车身由本体、内外装饰和车身附件等组成，如图1-9所示。

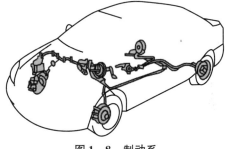
图1-8 制动系

电气设备是汽车的重要组成部分，它由电源、点火系（汽油发动机使用）和起动系、照明和信号装置、空调、仪表和报警系统以及辅助电气等组成。高级轿车更多地采用了现代新技术，尤其是电子技术，如微机处理、中央计算机系统及各种人工智能装置等，从而显著地提高了汽车的性能，如图1-10、图1-11所示。

2. 纯电动汽车的组成

与燃油汽车相比，纯电动汽车使用电动机代替了发动机，以动力电池代替了燃油为电动机提供动力，从而推动车辆行驶，其他部分与燃油车类似。典型的纯电动汽车结构如图1-12所示，动力电池、电动机和电控系统是三大核心部件，其中电控系统由电池管理系统和控制系统构成，管理电池组和控制电池的能量输出以及调节电动机的转速等。动力电池的电能通过充电系统在车辆行驶一定里程后进行补充。

(a)

(b)

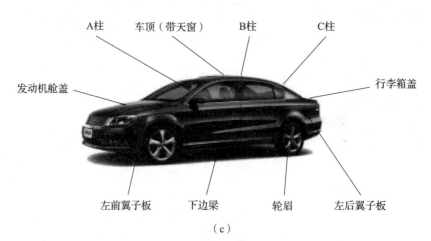

(c)

图1-9 车身附件

(a) 车身前面附件；(b) 车身后面附件；(c) 车身侧面附件

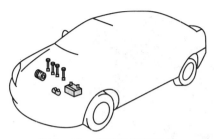
图1-10 发动机电气设备

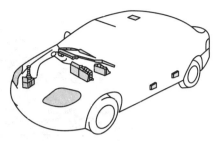
图1-11 车身电气设备

图1-12 纯电动汽车结构

1.4 汽车识别码

汽车识别码（Vehicle Identification Number，缩写为VIN），也称17位编码，是国际上通行的标识机动车辆的代码，是汽车制造厂给每一辆车指定的一组字码，可谓一车一码，就如人的身份证号一样，具有在世界范围内对一辆车的唯一识别性。当每一辆新出厂的车被刻上VIN后，此代号将伴随着车辆的注册、保险、年检、维修与保养，直至回收或报废而载入每辆车的服役档案。利用VIN可方便地查找车辆的制造者、销售者及使用者。

VIN位于易于看到并且能够防止磨损或替换的部位，所选择的部位一般在仪表与前风挡玻璃左下角的交界处、发动机的前横梁上、左前门边或立柱上、驾驶员左腿前方或前排左座椅下方等部位，如图1-13所示。

VIN由三部分组成，如图1-14所示。

第一部分：世界制造厂识别代码（WMI），它具有世界车辆制造厂的唯一性。WMI共有3位字码，由汽车制造厂以外的组织预先指定，用来代表生产国、厂家、车辆类别。如LFV——中国第一汽车集团公司、WDB——德国奔驰、WBA——德国宝马、KMH——韩国现代等。

其中，第一位字码代表生产国，为国际汽车厂通用。如1——美国、2——加拿大、3——墨西哥、J——日本、L——中国、Z——意大利等。

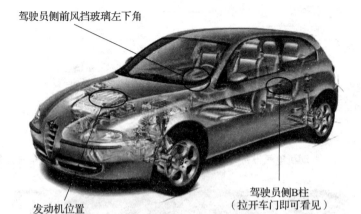

图 1-13 VIN 码在车上的位置

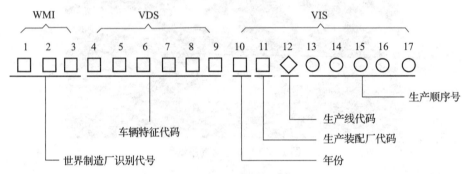

图 1-14 VIN 的组成

ISO 授权美国汽车工程师学会（SAE）作为其国际代理，负责为世界各国指定地区代码及国别代码，负责 WMI 的保存与核对。我国国家发展和改革委员会负责中国境内（包括大陆和港、澳、台地区）的 VIN 的统一管理，负责 WMI 的分配。

第二部分：车辆特征说明部分（VDS），由 6 位字码组成，如果汽车制造厂所用字码不足 6 位，应在剩余位置填入汽车厂选定的字母或数字，以表现车辆的一般特征，其代码及顺序由制造厂决定。

第三部分：车辆特征识别部分（VIS），由 8 位字码组成。一般 VIS 的第一位字码指示年份（如表 1-1 所示），第二位字码指示生产装配厂址，后 6 位指示生产序列号。

表 1-1 年份代码表

标示	年份	标示	年份	标示	年份
A	2010	G	2016	N	2022
B	2011	H	2017	P	2023
C	2012	J	2018	R	2024
D	2013	K	2019	S	2025
E	2014	L	2020	T	2026
F	2015	M	2021	V	2027

续表

标示	年份	标示	年份	标示	年份
W	2028	2	2032	6	2036
X	2029	3	2033	7	2037
Y	2030	4	2034	8	2038
1	2031	5	2035	9	2039

例如，上海大众帕萨特轿车的 VIN 为 LSVD56A41JN069336。
前三位代表生产厂家：LSV——中国上海大众汽车有限公司。
第4位车身型式代码：D——4门加长型折背式车身。
第5位发动机/变速器代码：5——BBG（07B.2）/JED（01V.B）。
第6位乘员保护系统代码：6——安全气囊数量。
第7、8位车辆等级代码：A4——NEW PASSAT/PASSAT GP 轿车。
第9位校验位：0~9 中任何一个数字或字母"X"。
第10位年份代码：J——2018年。
第11位装配厂代码：N——上海大众汽车有限公司。
第12~17位车辆制造顺序号。

1.5 汽车的行驶原理

要想使汽车行驶，必须对汽车施加一个驱动力以克服各种阻力。汽车驱动力的产生原理如图1-15所示。发动机输出的动力经传动系统在驱动轮上施加一个驱动力矩 T_t，力图使驱动轮旋转。在 T_t 的作用下，驱动轮对地面施加一个切向作用力 F_0，其方向与汽车行驶的方向相反，大小为

$$F_0 = T_t/R$$

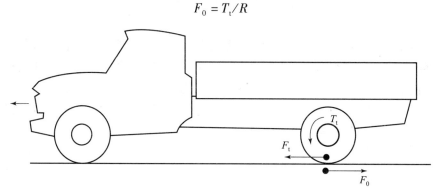

图1-15 汽车驱动力的产生原理

式中：F_0——对地面施加的圆周力（N）；
T_t——驱动力矩（N·m）；
R——驱动车轮的滚动半径（m）。

由于车轮与地面的附着作用，在车轮向地面施加力 F_0 的同时，地面也会对车轮施加一

个大小相等、方向相反的作用力 F_t，F_t 就是汽车行驶的驱动力。

汽车行驶阻力包括滚动阻力、空气阻力、上坡阻力。

1. 滚动阻力

车轮滚动时，轮胎与地面的接触区域会产生变形（当弹性轮胎在硬路面上滚动时，轮胎的变形是主要的），由此引起的地面对轮胎的阻力就是滚动阻力 F_f。滚动阻力等于滚动阻力系数与车轮负荷的乘积。滚动阻力系数由试验决定，与地面性质、汽车行驶速度以及轮胎的构造、材料、气压等有关。

2. 上坡阻力

当汽车上坡时，汽车重力沿坡道的分力为汽车上坡阻力 F_i。

3. 空气阻力

汽车行驶时，空气与汽车表面相互摩擦，同时车身前部受到迎面空气流的压力，车身后部因空气涡流产生真空度，这样就形成了阻碍汽车行驶的空气阻力，以 F_w 表示。空气阻力的数值与汽车正面投影面积以及汽车与空气的相对速度的平方成正比，当汽车高速行驶时，空气阻力的数值将显著增加，它还与汽车轮廓形状和表面质量有关。

当驱动力逐渐增大到足以克服汽车所受到的阻力时，汽车便开始起步行驶。汽车起步后，其行驶情况取决于驱动力和行驶阻力之间的关系。当驱动力等于行驶阻力时，汽车将匀速行驶；当驱动力大于行驶阻力时，汽车将加速行驶；当驱动力小于行驶阻力时，汽车将减速行驶或静止不动。

但是汽车并不是在任何情况下都能产生足够的驱动力。驱动力的最大值固然取决于发动机的最大转矩和传动系的传动比，但实际发出的驱动力还受到轮胎与地面之间的附着情况的限制。例如，汽车在很滑的冰面上行驶时，加大油门可能只会使驱动轮加速滑转，而驱动力却不能增大。

案 例 研 学

小张生活在冬季较为严寒的东北地区。最近他想要购买一辆轿车，由于预算不足等方面原因，最终决定去二手车交易市场看看。二手车销售顾问小李得知小张的使用需求后，为小张推荐了一辆 2015 年的宝马 3 系和 2016 年的奥迪 A4L。

1. 宝马 3 系和奥迪 A4L 按照动力及驱动形式分类，分别属于哪种类型？如果你是小张，你会选择哪种驱动形式的车辆？并说明理由。

2. 请说明"VIN：LFV3A24F0G3022999"所表示的含义。

3. 通过网络自学，说明小张在选车、交易及落户的过程中，哪些情况会使用 VIN。

网络助学

请扫描下方二维码观看视频，辅助学习汽车发展简史、汽车分类标准、VIN 在汽车上的位置、汽车基础知识等内容。

网络助学

课外拓学

1. 请扫描下方二维码观看视频，了解汽车"四化"内容。

课外拓学

2. 请查找 VIN 网上查询平台，并能够利用此类网络资源查找 VIN 所代表的含义。

实践操作

【汽车基础知识实训任务单】

实训准备：实训用车 1 辆。
实训目的：   1. 能够按照汽车的分类方式准确判断实训车辆的类型；   2. 能够说出实训车辆外部结构件、覆盖件的名称；   3. 能够找出实训车辆的 VIN。

实训实施：
1. 观察实训车辆，补充以下信息。
- 实训车辆是：□燃油汽车　　　□新能源汽车
- 实训车辆的发动机和驱动桥的布置形式是：□FF　□FR　□MR　□4WD
- 实训车辆如果是新能源汽车，属于哪种类型？
□纯电动汽车　　　□气体燃料汽车　　　□其他新能源汽车
2. 补充下图中所指部件名称，并在车辆上找到相应部件。

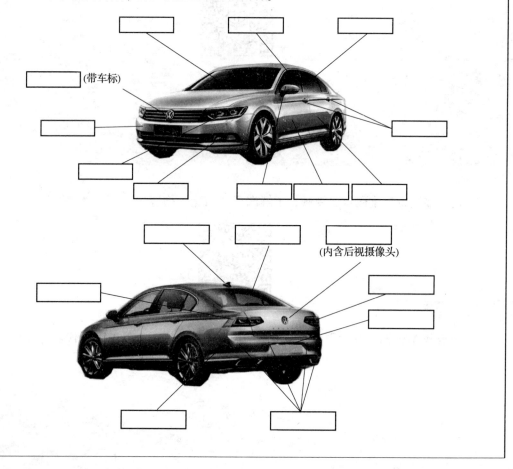

(带车标)

(内含后视摄像头)

续表

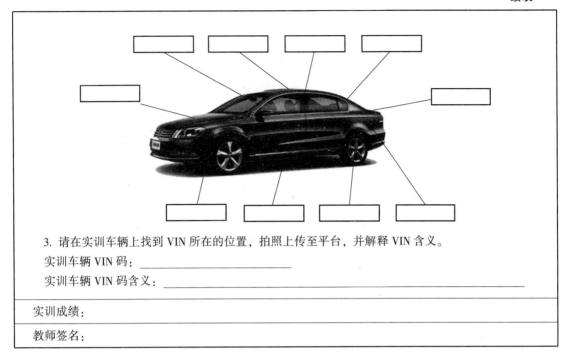

3. 请在实训车辆上找到 VIN 所在的位置,拍照上传至平台,并解释 VIN 含义。

实训车辆 VIN 码:＿＿＿＿＿＿＿＿＿＿＿＿＿＿＿＿

实训车辆 VIN 码含义:＿＿＿＿＿＿＿＿＿＿＿＿＿＿＿＿＿＿＿＿＿＿＿＿＿

实训成绩:

教师签名:

任 务 总 结

【思维导图】

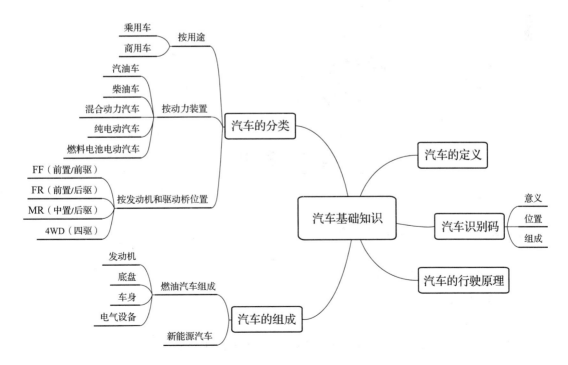

任务二 汽车动力源认知

小张刚大学毕业参加工作,想买辆车用于上下班代步,到多家汽车 4S 了解后,发现既有燃油汽车又有电动汽车。到底燃油汽车和电动汽车有什么区别呢?

知识目标:

1. 了解发动机的分类;
2. 掌握发动机的基本术语;
3. 掌握发动机的组成及各部分的作用;
4. 掌握四冲程发动机的工作原理;
5. 了解纯电动汽车动力电池的基础知识;
6. 了解驱动电动机的基础知识。

技能目标:

1. 能够区分不同车型的发动机类型;
2. 能够在发动机实物上指出各部件名称;
3. 能够说出发动机的工作原理;
4. 能够说出各种动力电池的优缺点。

理 论 学 习

2.1 汽车动力源的分类

汽车的动力源分为发动机和电池。

1. 发动机的分类

(1) 按活塞运动方式分类

发动机可分为往复活塞式和转子活塞式两种,如图 2-1 所示。

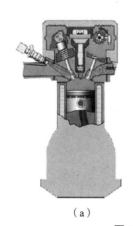 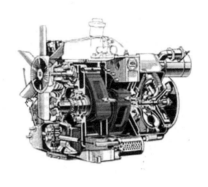

(a)　　　　　　　　　　　(b)

图 2-1　活塞式发动机类型

(a) 往复活塞式；(b) 转子活塞式

(2) 按所用燃料分类

发动机主要分为汽油机、柴油机和气体燃料发动机三类。以汽油和柴油为燃料的发动机分别称作汽油机和柴油机，如图 2-2 所示。使用天然气、液化石油气和其他气体燃料的发动机称作气体燃料发动机。

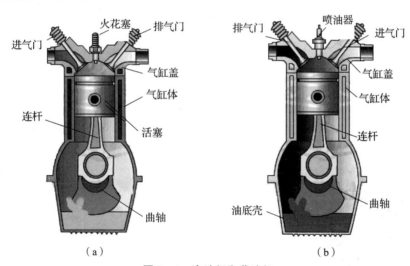

(a)　　　　　　　　　　　(b)

图 2-2　汽油机和柴油机

(a) 汽油机；(b) 柴油机

(3) 按进气状态分类

发动机可分为增压和非增压两类。若进气是在接近大气状态下进行的，则为非增压发动机或自然吸气式发动机；若利用增压器将进气压力增高，进气密度增大，则为增压发动机。增压可以提高发动机功率。

2. 新能源汽车电池的分类

(1) 按电解液种类分类

①碱性电池：主要以氢氧化钾水溶液为介质的电池，如镍镉电池、镍氢电池等。

②酸性电池：主要以硫酸水溶液为介质的电池，如铅酸电池。

③有机电解液电池：主要以有机溶液为介质的电池，如锂离子电池等。

（2）按电池正、负极材料分类

①锌系列电池：如锌锰电池、锌银电池等。

②镍系列电池：如镍镉电池、镍氢电池等。

③铅系列电池：如铅酸电池。

④锂系列电池：如锂离子电池、锂聚合物电池和锂硫电池等。

⑤二氧化锰系列电池：如锌锰电池、碱锰电池等。

⑥空气（氧气）系列电池：如锌空气电池、铝空气电池等。

2.2 发动机的基本结构

往复活塞式发动机的基本结构如图2-3所示。发动机的工作腔称作气缸，气缸内表面为圆柱形，气缸的顶部用气缸盖密封。在气缸盖上装有进气门和排气门，进、排气门头朝下尾朝上倒挂在气缸盖上。通过进、排气门的开闭实现向气缸内充气和向气缸外排气。活塞在气缸内做往复运动，通过活塞销与连杆的一端铰接；连杆的另一端则与曲轴相连，构成曲柄连杆机构。因此，当活塞在气缸内做往复运动时，连杆便推动曲轴旋转，或者相反。

2.2.1 发动机的基本术语

1. 上止点、下止点

如图2-4所示，活塞顶离曲轴回转中心最远处为上止点；活塞顶离曲轴回转中心最近处为下止点。在上、下止点处，活塞的运动速度为零。

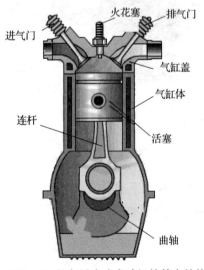

图2-3 往复活塞式发动机的基本结构

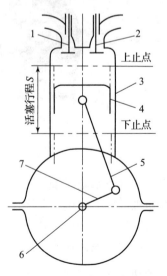

图2-4 发动机示意图

1—进气门；2—排气门；3—气缸体；
4—活塞；5—连杆；6—曲轴中心；
7—曲柄

2. 活塞行程（S）

上、下止点间的距离 S 称为活塞行程。曲轴的回转半径 R 称为曲柄半径。曲轴每回转一周，活塞移动两个活塞行程。对于气缸中心线通过曲轴回转中心的发动机，其 $S = 2R$。

3. 气缸工作容积（V_h）

上、下止点间所包容的气缸容积称为气缸工作容积（单位为 L）。计算公式为

$$V_h = \frac{\pi D^2 S}{4} \times 10^{-3}$$

式中　D——气缸直径（cm）；
　　　S——活塞行程（cm）。

4. 发动机排量（V_L）

发动机所有气缸工作容积的总和称为发动机排量。计算公式为

$$V_L = V_h \times i$$

式中　i——气缸数。

5. 燃烧室容积（V_c）

活塞位于上止点时，活塞顶面以上气缸盖底面以下所形成的空间称为燃烧室，其容积称为燃烧室容积，也叫压缩容积。

6. 气缸总容积（V_a）

燃烧室容积与气缸工作容积之和为气缸总容积。计算公式为

$$V_a = V_c + V_h$$

7. 压缩比（ε）

气缸总容积与燃烧室容积的比值，即

$$\varepsilon = \frac{V_a}{V_c} = \frac{V_c + V_h}{V_c} = 1 + \frac{V_h}{V_c}$$

它表示活塞由下止点移动到上止点时，气缸内气体被压缩的程度。压缩比越大，则压缩终了时气缸内的温度和压力就越高。目前，一般车用汽油机的压缩比为 8~12，柴油机的压缩比为 15~22。

2.2.2 四行程发动机的工作原理

往复活塞式发动机将热能转变为机械能需要经历进气、压缩、做功、排气四个连续的过程，称为一个工作循环。凡是曲轴旋转两周，活塞往复四个行程完成一个工作循环的发动机称为四行程发动机，即在一个活塞行程内只进行一个过程。因此，活塞行程可分别用四个过程命名，分别是进气行程、压缩行程、做功行程和排气行程，如图 2-5 所示。

1. 进气行程

活塞在曲轴的带动下由上止点移至下止点，此时排气门关闭，进气门开启。在活塞移动过程中，气缸容积逐渐增大，气缸内形成一定的真空度。这时，可燃混合气（柴油机吸入

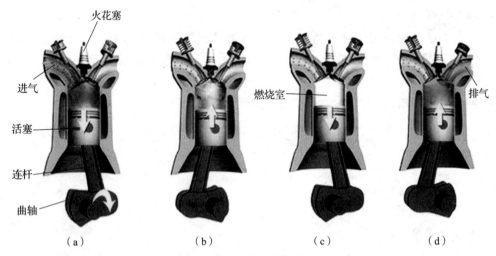

图 2-5　四行程汽油机工作原理
(a) 进气行程；(b) 压缩行程；(c) 做功行程；(d) 排气行程

的是纯空气）经进气歧管、进气门被吸入气缸。由于进气系统有阻力，进气终了时气缸内的气体压力略低于大气压力，为 0.075~0.090 MPa。由于气缸壁、活塞等高温机件及上一循环的高温残余废气的加热，气体的温度上升到 80~130℃。

2. 压缩行程

进气行程结束后，曲轴继续带动活塞由下止点移至上止点。这时，进、排气门均关闭。随着活塞移动，气缸容积不断减小，气缸内的混合气被压缩，其压力和温度同时升高。压缩终了时，可燃混合气压力为 0.6~1.5 MPa，可燃混合气的温度为 327~427℃。

压缩终了时可燃混合气的压力和温度取决于压缩比。压缩比越大，燃烧速度越快，因而发动机发出的功率便越大，经济性越好。但压缩比过大时，不仅不能进一步改善燃烧，反而会出现爆燃和表面点火等不正常燃烧现象。

3. 做功行程

压缩行程结束时，进、排气门仍旧关闭。安装在气缸盖上的火花塞产生电火花，将气缸内的可燃混合气点燃（柴油机是压燃），火焰迅速传遍整个燃烧室，同时放出大量的热能。燃烧气体的体积急剧膨胀，压力和温度迅速升高。在气体压力的作用下，活塞由上止点移至下止点，并通过连杆推动曲轴旋转做功。做功行程的瞬时压力可达 3~5 MPa，瞬时温度可达 1 927~2 527℃。

4. 排气行程

做功行程结束时，排气门开启，进气门仍然关闭，曲轴通过连杆带动活塞由下止点移至上止点，此时膨胀过后的燃烧气体（或称废气）在其自身剩余压力和活塞的推动下，经排气门排出气缸。当活塞到达上止点时，排气行程结束，排气门关闭。由于排气系统存在排气阻力，所以在排气终了时，气缸内压力稍高于大气压力，为 0.105~0.125 MPa，废气温度为 627~927℃。因燃烧室占有一定容积，故排气终了时，不可能将废气排尽，留下的废气称为残余废气。

2.2.3 发动机的总体构造

通常，汽油机由两大机构、五大系统组成。图2-6是常见轿车四缸发动机结构。

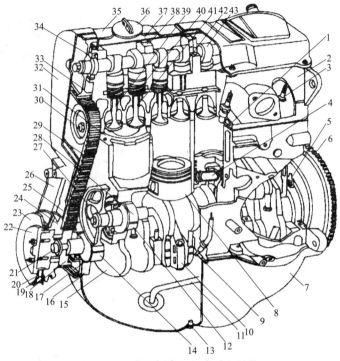

图2-6 常见轿车四缸发动机结构

1—气缸垫；2—气缸盖；3—火花塞；4—活塞销；5—曲轴后端封油挡板；6—飞轮齿圈；7—油底壳；8—活塞；9—油标尺；10—连杆总成；11—机油集滤器；12—中间轴轴承；13—放油螺塞；14—曲轴主轴承；15—曲轴；16—曲轴轴承盖；17—曲轴前端封油挡板；18—曲轴正时带轮；19—空调压缩机带；20—调整垫片；21—正时带轮拧紧螺栓；22—压紧盖；23—空调压缩机带轮；24—水泵发电机曲轴带轮；25—正时带轮下罩盖；26—空调压缩机支架；27—中间轴正时带轮；28—中间轴；29—正时齿带；30—偏心轮张紧机构；31—气缸体；32—正时带轮上罩盖；33—凸轮轴正时带轮；34—凸轮轴前端油封；35—凸轮轴罩盖；36—机油加油口盖；37—凸轮轴机油挡油板；38—凸轮轴轴承盖；39—排气门；40—气门弹簧；41—进气门；42—液压挺柱总成；43—凸轮轴

汽油机两大机构和五大系统的组成及功能如表2-1所示。

表2-1 汽油机两大机构和五大系统的组成及功能

系统	组成及作用	构造图
曲柄连杆机构	组成：由机体组、活塞连杆组和曲轴飞轮组组成。 作用：将燃气作用在活塞顶部的压力转变成曲轴的转矩，向工作机械输出机械能。	活塞连杆组 机体组 曲轴飞轮组

续表

系统	组成及作用	构造图
配气机构	组成：由气门组和气门传动组组成。 作用：根据发动机的工作顺序和各缸工作循环的要求，及时地开启和关闭进、排气门，使可燃混合气进入气缸，并将废气排出气缸，实现换气过程。	
燃料供给系	组成：由空气供给系统、排气系统、燃油供给系统、电子控制系统组成。 作用：根据发动机各种工况要求，配制具有一定数量和浓度的可燃混合气供入气缸，并将燃烧后产生的废气排出发动机。	
冷却系	组成：水泵、散热器、风扇、节温器、水温表、冷却液水道等。 作用：将发动机受热零部件的热量散发到大气中，使发动机在最适宜的温度下工作。	
润滑系	组成：油底壳、机油集滤器、机油泵、限压阀、机油尺、润滑油道及油管等。 作用：将润滑油源源不断地供给做相对运动的零件，以减少它们之间的摩擦阻力，减轻机件的磨损，并对零件表面进行清洗和冷却。	

续表

系统	组成及作用	构造图
点火系	组成：点火开关、点火线圈、火花塞等。 作用：保证按规定的时刻及时点燃气缸中被压缩的可燃混合气。	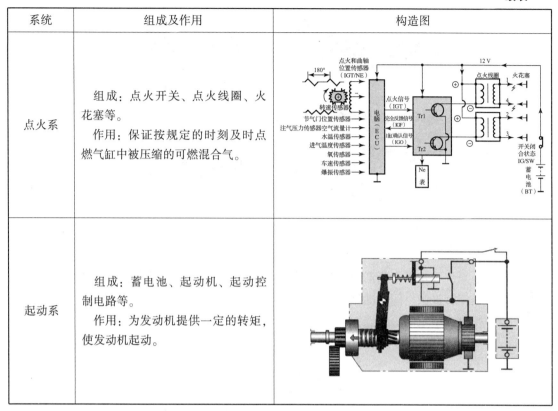
起动系	组成：蓄电池、起动机、起动控制电路等。 作用：为发动机提供一定的转矩，使发动机起动。	

2.3 曲柄连杆机构

2.3.1 功用和组成

1. 功用

曲柄连杆机构是往复活塞式发动机将热能转变为机械能的主要机构。它把燃气作用在活塞顶部的压力转变为曲轴的转矩，向外输出机械能。

在发动机工作过程中，燃料燃烧产生的气体压力直接作用在活塞顶上，推动活塞做往复直线运动，经活塞销、连杆传递给曲轴，使曲轴旋转。

2. 组成

曲柄连杆机构由机体组、活塞连杆组和曲轴飞轮组组成。

2.3.2 机体组

机体组是发动机的支架，是曲柄连杆机构、配气机构和发动机各系统主要零部件的装配基体，主要由气缸盖罩、气缸盖、气缸垫、气缸体、油底壳等组成，如图2-7所示。气缸盖用来封闭气缸顶部，并与活塞顶和气缸壁一起形成燃烧室。另外，气缸盖和机体内的水道、油道以及油底壳又分别是冷却系和润滑系的组成部分。

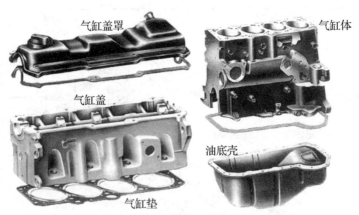

图 2-7 机体组

1. 气缸体

机体组上半部有若干个为活塞运动提供导向的圆柱形空腔，称为气缸体；下半部为支承曲轴、为曲轴旋转提供空间的曲轴箱。如图 2-8 所示。

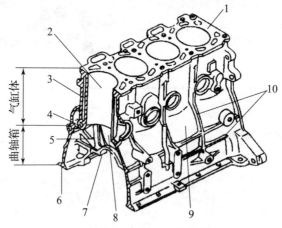

图 2-8 水冷发动机的气缸体

1—气缸体顶面；2—气缸；3—水道；4—主油道；5—横隔板上的加强筋；6—气缸体底部；
7—主轴承座；8—气缸间隔板；9—气缸体侧壁；10—侧壁上的加强筋

气缸体的构造与气缸排列形式、气缸结构形式和曲轴箱结构形式有关。

2. 气缸盖

气缸盖用来密封气缸的上部，与活塞、气缸等共同构成燃烧室。

气缸盖是结构复杂的箱形零件。其上加工有进、排气门座孔，气门导管孔，火花塞安装孔。在气缸盖内还铸有水道，进、排气道，燃烧室或燃烧室的一部分。若凸轮轴安装在气缸盖上，则气缸盖上还加工有凸轮轴承孔或凸轮轴承座及其润滑油道。图 2-9 为发动机气缸盖的分解图。

当活塞位于上止点时，活塞顶面以上、气缸盖底面以下所形成的空间称为燃烧室。在汽油机气缸盖底面通常铸有形状各异的凹坑，习惯上称这些凹坑为燃烧室。

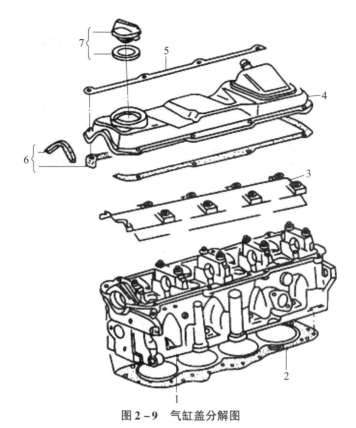

图 2-9 气缸盖分解图

1—气缸盖；2—气缸垫；3—机油反射罩；4—气门室罩盖；5—压条；6—气门室垫；7—加油盖

3. 气缸垫

气缸垫是气缸体顶面与气缸盖底面之间的密封件，如图 2-10 所示。其作用是保持气缸密封不漏气，保持由气缸体流向气缸盖的冷却液和机油不泄漏。

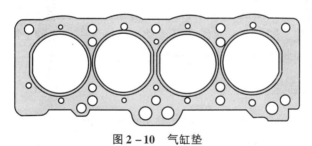

图 2-10 气缸垫

按所用材料的不同，气缸垫可分为金属-石棉衬垫、金属-复合材料衬垫和全金属衬垫等多种。

4. 油底壳

油底壳的主要功用是储存机油和封闭气缸体或曲轴箱。

油底壳用薄钢板冲压或用铝铸制而成。油底壳内设有挡板，用以减轻汽车颠簸时油面的震荡。此外，为了保证汽车倾斜时机油泵能正常吸油，通常将油底壳局部做得较深。油底壳底部设放油螺塞，有的放油螺塞带磁性，可以吸附机油中的铁屑。

2.3.3 活塞连杆组

活塞连杆组主要由活塞、活塞环、活塞销和连杆等机件组成,如图 2-11 所示。

1. 活塞

活塞的主要功用是承受燃烧气体压力,并将此力通过活塞销传给连杆以推动曲轴旋转。此外活塞顶部与气缸盖、气缸壁共同组成燃烧室。

现代汽车发动机不论是汽油机还是柴油机广泛采用铝合金活塞,只在极少数汽车发动机上采用铸铁或耐热钢活塞。

2. 活塞环

活塞环分气环和油环两种。

气环的主要功用是密封和传热:保证活塞与气缸壁间的密封,防止气缸内的可燃混合气和高温燃气漏入曲轴箱,并将活塞顶部接受的热传给气缸壁,避免活塞过热。油环的主要功用是刮除飞溅到气缸壁上的多余机油,并在气缸壁上涂布一层均匀的油膜。

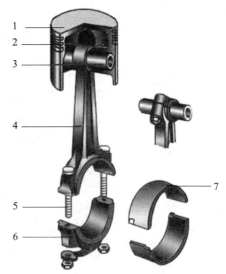

图 2-11 活塞连杆组结构
1—活塞;2—活塞环;3—活塞销;
4—连杆;5—连杆螺栓;6—连杆盖;
7—连杆轴承

3. 活塞销

活塞销用来连接活塞和连杆,并将活塞承受的力传给连杆。

4. 连杆

连杆包括连杆体、连杆盖、连杆螺栓和连杆轴承等零件。习惯上把连杆体、连杆盖和连杆螺栓合起来称作连杆,有时也称连杆体为连杆。

连杆的功用是将活塞承受的力传给曲轴,并将活塞的往复运动转变为曲轴的旋转运动。连杆小头与活塞销连接,同活塞一起做往复运动;连杆大头与曲轴上的连杆轴颈连接,同曲轴一起做旋转运动,因此在发动机工作时连杆做复杂的平面运动。

2.3.4 曲轴飞轮组

曲轴飞轮组主要由曲轴、飞轮、正时齿轮(正时带轮或正时链轮)、皮带轮及曲轴扭转减震器等组成,如图 2-12 所示。

1. 曲轴

曲轴的功用是把活塞、连杆传来的气体作用力转变为转矩,用以驱动汽车的传动系统和发动机的配气机构以及其他辅助装置。曲轴结构如图 2-13 所示。

2. 飞轮

对于四行程发动机来说,每四个活塞行程做功一次,即只有做功行程做功,而排气、进气和压缩三个行程都要消耗功。因此,曲轴对外输出的转矩呈周期性变化,曲轴转速也不稳定。为了改善这种状况,在曲轴后端装置飞轮。

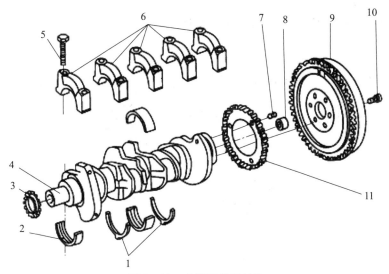

图 2-12 曲轴飞轮组结构

1—止推垫片；2—轴承；3—链轮；4—曲轴；5，7，10—紧固螺栓；
6—轴承盖；8—滚针轴承；9—飞轮；11—靶轮

图 2-13 曲轴结构

飞轮是转动惯量很大的盘形零件，其作用如同一个能量存储器。在做功行程中发动机传输给曲轴的能量，除对外输出外，还有部分能量被飞轮吸收，从而使曲轴的转速不会升高很多。在排气、进气和压缩三个行程中，飞轮将其储存的能量放出来补偿这三个行程所消耗的功，从而使曲轴转速不致降低太快。

除此之外，飞轮还有下列功用：飞轮是摩擦式离合器的主动件；在飞轮轮缘上镶嵌有供起动发动机用的飞轮齿圈。

2.4 配气机构

1. 功用

配气机构的功用是按照发动机的工作顺序和工作循环的要求，定时开启和关闭各缸的进、排气门，使汽油与空气的混合物进入气缸，废气从气缸排出。

2. 组成

配气机构由气门组和气门传动组两部分组成，如图 2-14 所示。

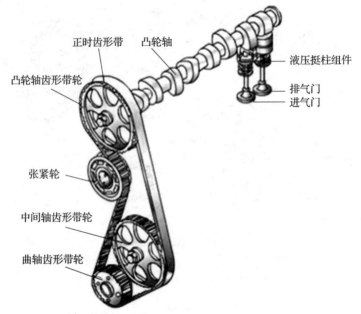

图 2-14 配气机构

气门组主要包括气门、气门导管、气门座、气门弹簧和锁片等部件，实现对气缸的密封。

气门传动组的功用是使进、排气门按配气相位规定的时刻及时开、闭，并保证有足够的开度。气门传动组通常由凸轮轴、凸轮轴齿形带轮、液压挺柱、摇臂等零部件组成。

2.5 汽油机燃油供给系

1. 功用

汽油机燃油供给系的功用是根据发动机各工况的不同要求，准确地计量空气与燃油的混合比，并将一定数量和压力的汽油直接喷射到气缸或进气歧管中，与进入的空气混合而形成可燃混合气，最后将燃烧做功后的废气排到大气中。

2. 组成

汽油机燃油供给系由四个子系统组成，即空气供给系统、排气系统、燃油供给系统和电子控制系统。

（1）空气供给系统

空气供给系统的功用是为发动机可燃混合气的形成提供必要的空气，并计量和控制燃油燃烧时所需要的空气量。空气供给系统如图 2-15 所示，空气经过空气滤清器、空气流量计、节气门体进入进气总管，再分配到各缸进气歧管，在进气歧管内空气与喷油器喷出的燃油进行混合后被吸入气缸内燃烧。

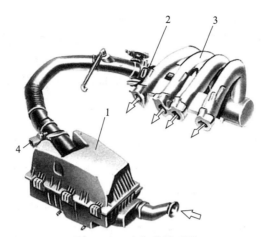

图 2-15 空气供给系统

1—空气滤清器；2—节气门体；3—进气歧管；4—空气流量计

汽车在正常行驶时，空气流量由节气门控制，而节气门则通过油门踏板操纵。

1）空气滤清器

空气滤清器用来滤清空气中所含的尘埃，以减少气缸、活塞、活塞环等零件的磨损，延长发动机的使用寿命。

2）进气歧管

进气歧管的功用是将空气或可燃混合气引入气缸，保证进气充分及各缸进气量均匀一致。

（2）排气系统

排气系统的功用是将燃烧废气顺畅地从发动机中排除。排气系统主要由排气歧管、氧传感器、三元催化装置和排气消声器等组成，如图 2-16 所示。

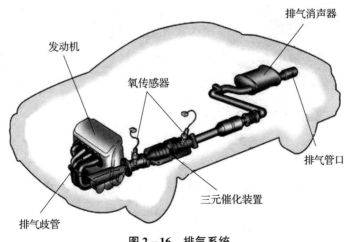

图 2-16 排气系统

1）排气歧管

排气歧管与发动机气缸体相连，将各缸的废气集中起来导入排气总管。

2）氧传感器

氧传感器一般安装在三元催化装置之前，用来检测排气中的氧气含量，以确定混合气是浓还是稀,向发动机 ECU(电控单元)发出反馈信号,发动机根据此信号调节喷油量。有的发动机还有一个氧传感器,安装在三元催化装置之后,用以检测催化转化效率。

3) 三元催化装置

三元催化装置是一种发动机机外净化装置,它能净化汽车排出的一氧化碳(CO)、碳氢化合物(HC)和氮氧化合物(NO_x)。

4) 排气消声器

排气消声器的作用是消除废气中的火星及火焰,降低排气噪声。

(3) 燃油供给系统

燃油供给系统的作用是供给发动机燃烧过程所需的燃油。

燃油供给系统主要由燃油箱、燃油泵、燃油滤清器、燃油分配管、油压调节器、喷油器等组成,如图 2-17 所示。燃油被燃油泵从燃油箱中吸出,经过燃油滤清器滤除杂质和水分后,来到燃油分配管。油压调节器控制燃油分配管的油压(通常为 250~300 kPa),将燃油送至各缸喷油器。喷油器则根据 ECU 发出的指令,将计量后的燃油喷入各进气歧管与空气进行混合,形成可燃混合气。发动机喷油量由喷油器的通电时间来决定。

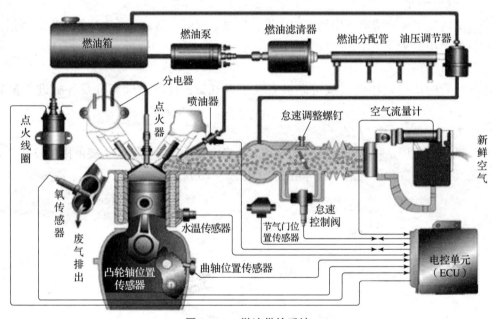

图 2-17 燃油供给系统

1) 燃油箱

燃油箱的功用是储存燃油,其数目、容量、形状及安装位置均随车型而异。

2) 燃油泵

燃油泵的作用是把燃油从燃油箱内吸出并提供一定的油压。

3) 燃油滤清器

燃油滤清器的作用是清除燃油中的杂质和水分。

4) 油压调节器

油压调节器的作用是根据进气歧管内绝对压力的变化来调节油压,保持喷油器的喷油绝对压力恒定,使喷油器的燃油喷射量只取决于喷油器的开启时间。

5）喷油器

喷油器的作用是接受 ECU 传来的喷油脉冲信号，将燃油呈雾状喷射到进气歧管或气缸内。

（4）电子控制系统

电子控制系统的功用是根据发动机和车辆的运行状况确定燃油最佳喷射量和最佳点火提前角。此外还可进行怠速控制、排放控制和自诊断等。电子控制系统由各种传感器、电控单元、执行器，以及连接它们的控制电路所组成，如图 2-18 所示。不同类型的电控汽油喷射系统的控制功能、控制方式和控制电路的布置不完全一样，但基本原理相似。

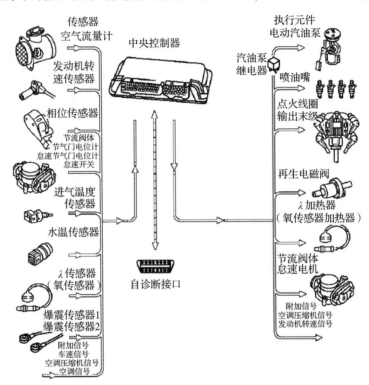

图 2-18 电子控制系统

1）传感器

传感器是对发动机运行状况的一些参数进行检测，并将它们转换成计算机能接受的电信号后再传送给 ECU。常用的传感器有空气流量计、发动机转速传感器、凸轮轴位置传感器（也称相位传感器）、进气温度传感器、水温传感器、氧传感器、爆震传感器等。

2）电控单元

电控单元的功用是根据其内存的程序和数据对各种传感器输入的信息进行运算、处理、判断，然后按规定的点火提前角向点火模块发出点火指令，控制点火时刻及点火持续时间输出指令，向喷油器提供一定宽度的电脉冲信号以控制喷油量。

3）执行器

执行器包括节气门控制部件、喷油器、带输出驱动级点火线圈组件、活性碳罐电磁阀和燃油泵，其功用是接受电控单元指令，分别对节气门怠速步进电机、喷油时间、点火时刻、活性碳罐通断和燃油泵工作进行控制。

2.6 发动机润滑系

1. 功用

润滑系的功用就是在发动机工作时连续不断地将数量足够、温度适当的洁净机油输送到全部运动件的摩擦表面,并在摩擦表面之间形成油膜,从而减小摩擦阻力、降低功率消耗、减轻机件磨损,以达到提高发动机工作可靠性和耐久性的目的。除此之外,润滑系还起到清洁、冷却、密封、防锈、液压、减震的作用。

2. 组成

润滑系由机油泵、机油滤清器、油底壳、限压阀、旁通阀、机油报警装置等组成,如图2-19所示。

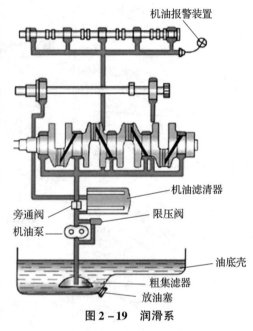

图2-19 润滑系

1)机油泵

机油泵的功用是保证机油在润滑系内循环流动,并在发动机任何转速下都能以足够的压力向润滑部位输送机油,实现压力润滑。

2)机油滤清器

机油滤清器的功用是滤清润滑油中混入的金属磨屑、机械杂质及润滑油本身氧化生成的胶质。

3)限压阀

限压阀的功用是限制油路中的最高油压。当机油压力超过规定的压力值,限压阀打开泄压,机油回到油底壳,防止因机油压力过高而产生漏油。

4)旁通阀

旁通阀的功用是避免因机油滤清器堵塞而造成主油道供油中断。当机油滤清器堵塞时旁通阀打开,机油不通过机油滤清器直接输送到主油道。

5)机油报警装置

机油报警装置的功用是在发动机润滑系主油道中的机油压力低于正常值时,对驾驶员发出警报信号。

3. 润滑油路

发动机润滑油路如图2-19所示。当发动机工作时,机油从油底壳经粗集滤器被机油泵送入机油滤清器,经机油滤清器滤清之后进入发动机主油道,再经气缸体内的纵向油道分别润滑主轴承。然后,机油经曲轴上的斜油道,从主轴承向连杆轴承润滑连杆轴颈。同时主油道还和凸轮轴轴承润滑油道及液压挺柱油道相通,用于润滑凸轮轴轴承和向液压挺柱供油。机油压力由安装在机油滤清器支架上的机油压力传感器监控。当发动机起动后机油压力较低时,机油压力传感器将低压信号传给机油压力控制器,机油压力控制器控制机油报警灯亮。在润滑油路中，有一个装在机油泵上的限压阀和一个装在机油滤清器支架上的旁通阀。当发动机处于冷态或机油黏度较大时，部分机油因油压高或机油流量过大，经限压阀流回油底壳，可避免机油压力过高而造成危险。当滤清器堵塞时，旁通阀打开，未被滤清的机油仍能输送到机体主油道，保证机油供给。

4. 曲轴箱通风

在发动机工作时，会有部分可燃混合气和燃烧产物经活塞环由气缸窜入曲轴箱内。窜入曲轴箱的废气中的水蒸气易在润滑油中形成泡沫，破坏润滑油的供给；废气中的水蒸气和酸性物质使润滑油变质；同时，漏入曲轴箱内的气体使曲轴箱压力和温度升高，将造成机油从油封、衬垫处泄漏而流失。当发动机在低温下运行时，还可能有液态燃油漏入曲轴箱，稀释机油。这些物质如不及时清除，将加速机油变质并使机件受到腐蚀或锈蚀。因此曲轴箱必须设有通风装置，排出漏入的气体并加以利用，同时使新鲜的空气进入曲轴箱，形成不断的对流。又因为窜入曲轴箱内的气体中含有 HC 及其他污染物，所以不允许把这种气体排放到大气中。强制式曲轴箱通风系统就是防止曲轴箱气体排放到大气中的净化装置。

福特公司的 V 型发动机曲轴箱强制通风系统如图 2-20 所示。发动机工作时，在进气管内真空度作用下，窜入曲轴箱内的气体经曲轴箱通气软管被抽到进气管进入气缸燃烧。新鲜空气经空气滤清器、空气软管进入曲轴箱内。这种通风方式还可防止因曲轴箱内压力过高而造成曲轴箱漏油。为了防止在发动机低速小负荷时进气管的真空度太大而将机油从曲轴箱内吸出，在曲轴箱通气软管上装有单向阀（PCV 阀）。

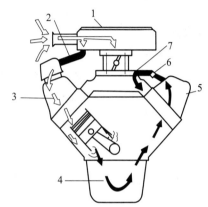

图 2-20　福特公司 V 形发动机曲轴箱强制通风系统

1—空气滤清器；2—空气软管；3—新鲜空气；
4—曲轴箱气体；5—气缸盖罩；
6—PCV 阀；7—曲轴箱通气软管

2.7　发动机冷却系

1. 功用

冷却系的功用是使发动机在所有工况下都保持在适当的温度范围内。冷却系既要防止发动机过热，也要防止冬季发动机过冷。在发动机冷起动之后，冷却系还要保证发动机迅速升温，尽快达到正常的工作温度。

若发动机过热，将导致充气效率下降，早燃和爆燃的倾向加大，致使发动机功率下降；运动机件间正常的间隙受到破坏，零件不能正常运动，甚至卡死、损坏；零件因力学性能下降而导致变形和损坏；因润滑油黏度减小、润滑油膜易破裂而加剧零件的磨损。

若发动机过冷，将导致进入气缸的可燃混合气雾化不好，因而燃烧不好，造成发动机功率下降及油耗上升；润滑油黏度增大，造成润滑不良而加剧零件的磨损；因温度低而未汽化的燃油冲刷摩擦表面（气缸壁、活塞等）上的油膜；同时因混合气与温度较低的气缸壁接触，使其中原已汽化的燃油重又凝结而流入曲轴箱内，不仅增加油耗，且使机油变稀而影响润滑，导致发动机功率下降，磨损增加。

2. 组成

汽车发动机的冷却系均为强制循环水冷系统，即利用水泵提高冷却液的压力，强制冷却液在发动机中循环流动。这种系统包括散热器、膨胀水箱、水泵、冷却风扇、节温器、发动机机体和气缸盖中的水道等，如图2–21所示。为便于驾驶员能及时掌握冷却系的工作情况，冷却系中还设有水温表和高温警告灯等。

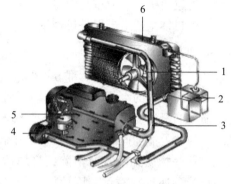

图2–21 冷却系
1—冷却风扇；2—膨胀水箱；3—水管；
4—水泵；5—冷却液；6—散热器

（1）散热器

散热器的功用是将冷却液所吸收的热量传给外界大气，使冷却液温度下降。

（2）膨胀水箱

膨胀水箱对冷却液起到了自动补偿以及水和水汽分离的作用。

（3）水泵

水泵的功用是对冷却液加压，保证其在冷却系中循环流动。

（4）冷却风扇

冷却风扇置于散热器后面，其功用是：当风扇旋转时，会产生轴向吸力，用来提高流经散热器的空气流速和流量，增强散热器的散热能力，同时对发动机其他附件也有一定的冷却作用。

（5）节温器

节温器的功用是根据发动机冷却液温度的高低，自动改变冷却液的循环路线及流量，使发动机始终在最合适的温度下工作。节温器通常安装在水泵的进水口或气缸盖的出水口处。

3. 冷却系的工作原理

发动机冷起动时，冷却液温度较低（一般低于85℃），此时节温器的主阀门处于关闭状态压在出水口处，使从散热器来的低温冷却液不能进入发动机水道内。此时，从发动机气缸盖出水口流出的高温冷却液可以不经散热器而直接进入水泵，使未经散热的冷却液被水泵重新压入发动机水道内，从而减少热量损失。此时冷却液的循环路线称为小循环，如图2–22（a）所示。

当冷却液温度超过85℃时，节温器的主阀门开始打开，水温达到105℃时，主阀门完全打开，而副阀门则彻底关闭了小循环通路。这时来自气缸盖出水口的高温冷却液全部进入散热器进行冷却，之后再由水泵重新压入发动机的水道内，此时冷却液的循环路线称为大循环。

当冷却液的温度在85～105℃时，主、副阀门都打开一部分，此时，冷却系同时进行大小循环，称为混合循环，如图2–22（b）所示。

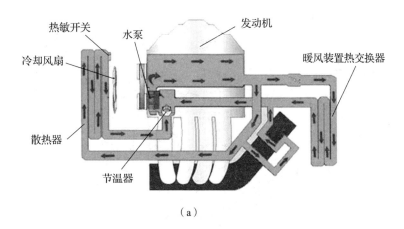

(a)

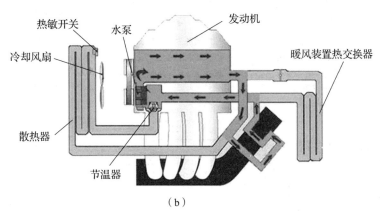

(b)

图 2-22 发动机冷却系工作原理
(a) 小循环；(b) 混合循环

2.8 发动机点火系

1. 功用

点火系的功用是在发动机各种工况和使用条件下，在气缸内适时、准确、可靠地产生电火花，以点燃可燃混合气，使发动机做功。

2. 组成

点火系由蓄电池、点火开关、ECU、点火控制模块、点火线圈、火花塞、各种传感器等组成，如图 2-23 所示。

3. 点火系的控制原理

如图 2-24 所示，发动机运行时，ECU 不断地采集发动机的转速、负荷、冷却液温度、进气温度等信号，并根据存储器（ROM）中存储的有关程序与有关数据，确定出该工况下最佳点火提前角和初级电路的最佳导通角，并以此向点火控制模块发出指令。点火控制模块根据 ECU 的点火指令，控制点火线圈初级回路的导通和截止。当电路导通时，有电流从点火线圈中的初级绕组通过，点火线圈此时将点火能量以磁场的形式储存起来。当初级绕组中

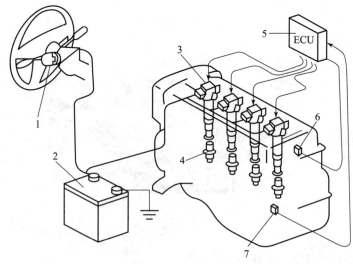

图 2-23 点火系

1—点火开关；2—蓄电池；3—点火线圈；4—火花塞；5—发动机电控单元；
6—凸轮轴位置传感器；7—曲轴位置传感器

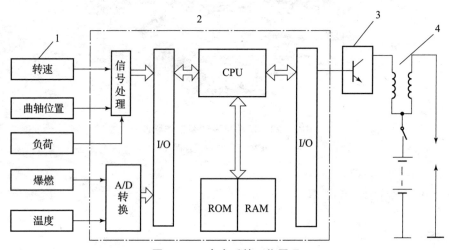

图 2-24 点火系的工作原理

1—传感器；2—电控单元；3—点火控制模块；4—点火线圈

电流被切断时，在其次级绕组中将产生很高的感应电动势（15~20 kV），由控制系统直接进行高压电的分配，送至工作气缸的火花塞，点火能量被瞬间释放，并迅速点燃气缸内的混合气，发动机完成做功过程。ECU 还根据爆燃传感器的输入信号来判断发动机的爆燃程度，并将点火提前角控制在轻微爆燃的范围内，使发动机能获得较高燃烧效率。

2.9 发动机起动系

1. 功用

起动系的作用是按发动机要求提供一定的转矩，使发动机达到规定的转速，顺利完成起动过程。

2. 组成

起动系主要由蓄电池、起动机、起动继电器、点火开关等组成，如图 2-25 所示。

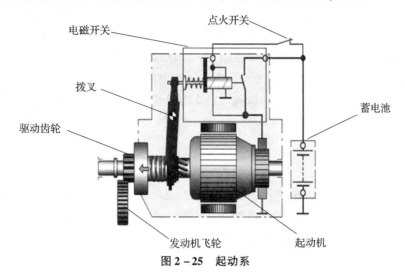

图 2-25 起动系

3. 起动系的控制原理

电磁开关安装在直流电动机壳体上方，接通点火开关时，电磁开关闭合使拨叉上端右移，下端左移。拨叉下端在左移的过程中带动驱动齿轮左移与发动机飞轮啮合，使发动机曲轴快速转动。

发动机起动后，松开点火开关，电磁开关电流切断，在复位弹簧的作用下拨叉上端左移，下端右移，驱动齿轮与发动机飞轮脱离啮合。

2.10 新能源汽车动力电池

可用于新能源汽车的电池种类较多，如锂离子电池、镍氢电池、燃料电池、铅酸电池、超级电容器电池等。目前，锂离子电池应用较为广泛，用于纯电动汽车的锂离子电池主要有磷酸铁锂电池和三元锂电池。

简单来说，"磷酸铁锂""三元锂"都是锂离子电池的正极材料，对电池能量密度有着决定性作用，所以在电池命名规则上，多以正极材料来命名。锂离子动力电池的安全性能与循环寿命是其他材料所无法相比的，而这些正是动力电池最重要的技术指标。

2.10.1 磷酸铁锂电池

1. 简介

磷酸铁锂电池的全名是磷酸铁锂锂离子电池，简称为磷酸铁锂电池，是指用磷酸铁锂作为正极材料的锂离子电池。由于它的性能特别适合应用于动力方面，有时在名称中加入"动力"两字，即磷酸铁锂动力电池。

由磷酸铁锂正极材料做出的大容量锂离子电池更易串联使用，以满足电动车频繁充放电的需要。

2. 特点

磷酸铁锂电池安全性能较好、成本低、寿命长、无毒、无污染，其热稳定性是动力锂离子电池中最好的。磷酸铁锂电池温度处于500℃~600℃时，其内部化学成分才开始分解，并且穿刺、短路、高温都不会燃烧或者爆炸，因此安全性更高，使用寿命也较长。但磷酸铁锂电池能量密度低，导致电池重量重，体积也大，车辆续航里程一般。而其最大的缺点是，当温度低于-5℃时，充电效率低，不适合北方冬天充电的情况。

目前，比亚迪唐朝系列中的汉和唐纯电动车型采用的就是磷酸铁锂电池。

2.10.2 三元锂电池

1. 简介

三元锂离子电池简称三元锂电池，其中的"三元"指的是包含镍（Ni）、钴（Co）、锰（Mn）或铝（Al）三种金属元素的聚合物，三者缺一不可，在三元锂电池中做正极。

镍：重要用途是提升电池的体积能量密度，是提升续航里程的重要突破口，但含量过多会导致镍离子占据锂离子位置，导致容量下降。

钴：抑制阳离子混排，用以提升稳定性和延长电池的寿命，此外，也决定了电池的充放电速度和效率，但过高的钴含量会导致实际容量降低。

铝或锰：由于钴是一种非常昂贵的稀有金属，所以锰或铝的作用在于降低正极材料成本，同时提升电池的安全性和稳定性。

2. 特点

三元锂电池能量密度高、循环寿命长，对于续航里程有要求的纯电动汽车，三元锂电池是主流方向；且三元锂电池不惧低温，适合北方天气，低温时电池更加稳定。三元锂电池的缺点是高温性相对较差。三元材料的脱氧温度是200℃，并且无法通过针刺实验，表明三元锂电池在内部短路、电池外壳损坏的情况下，容易引发燃烧、爆炸等安全事故。

目前，大部分电动汽车采用的是三元锂电池。

2.11 驱动电动机

用于驱动车辆的电动机称为驱动电动机。纯电动汽车、燃料电池汽车和混合动力汽车上都配备有驱动电动机。

其功用是在驾驶员的控制下，高效率地将电池的电能转化为车轮的动能，或者将车轮的动能反馈到电池中。根据驱动原理，驱动电动机可分为交流异步电动机、永磁同步电动机和开关磁阻电动机。目前，交流异步电动机和永磁同步电动机广泛用于新能源汽车中。

2.11.1 交流异步电动机

1. 简介

交流异步电动机的定子绕组通入交流电产生旋转的磁场，转子绕组切割磁力线产生感应电流,并受到电磁转矩而旋转,如图 2-26 所示。交流异步电动机广泛应用于大型高速的纯电动汽车中,如特斯拉 Model S 和 Model X 的后驱动电机就采用的是交流异步电动机。

虽然目前大部分电动车采用的是永磁同步电动机,但随着交流异步电动机的技术发展以及成本低的优势,越来越多的车企更倾向于交流异步电动机。

2. 特点

(1) 优点
①结构简单,体积小,质量轻。
②转矩平稳,转速高。
③运行可靠,维护方便,使用寿命长。
④技术成熟,应用广泛,成本较低。

(2) 缺点
①由于转子转速与旋转磁场同步转速有转差率,因而调速性能较差。
②运行时从电力系统吸收无功功率以建立磁场,因此功率因数较低。
③交流异步电动机是多变量的非线性系统,控制比较复杂。

2.11.2 永磁同步电动机

1. 简介

随着近些年来电力电子技术、微电子技术、微型计算机技术、稀土永磁材料、传感器技术与电机控制理论的快速发展,永磁同步电动机驱动技术逐渐成熟。永磁同步电动机输入的是交流正弦或近似正弦波,采用连续转子位置反馈信号来控制转向,通过合理设计永磁磁路结构能获得较高的弱磁性能,在电动汽车驱动方面具有很高的应用价值,目前应用最广泛。永磁同步电动机如图 2-27 所示。

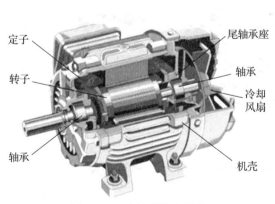

图 2-26 交流异步电动机

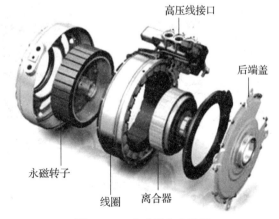

图 2-27 永磁同步电动机

2. 特点

(1) 优点
①用永磁体取代绕线式同步电动机转子中的励磁绕组,从而省去了励磁线圈、集电环和电刷,以电子换相实现无刷运行,结构简单、运行可靠。

②永磁同步电动机的转速与电源频率间始终保持准确的同步关系，控制电源频率就能控制电动机的转速。

③永磁同步电动机具有较好的机械特性，对于因负载变化而引起的电动机转矩扰动具有较强的承受能力，瞬间最大转矩可以达到额定转矩的3倍以上，适合在负载转矩变化较大的工况下运行。

④永磁同步电动机的转子为永久磁铁，无须励磁，因此电动机可以在很低的转速下保持同步运行，调整范围宽。

⑤永磁同步电动机与交流异步电动机相比，不需要无功励磁电流，因而功率因数高。

⑥体积小、质量轻。近些年来随着高性能永磁材料的不断应用，永磁同步电动机的功率密度得到很大提高，与同容量的交流异步电动机相比，体积和质量都有较大的减小，使其适合应用在许多特殊场合。

⑦结构多样化，应用范围广。

（2）缺点

①由于永磁同步电动机的转子为永磁体，无法调节，必须通过加定子直轴去磁电流分量来削弱磁场，这会增大定子的电流，增加电动机的铜耗。

②永磁同步电动机的磁铜价格较高。

案例研学

请在发动机解剖台架上识别以下部件。

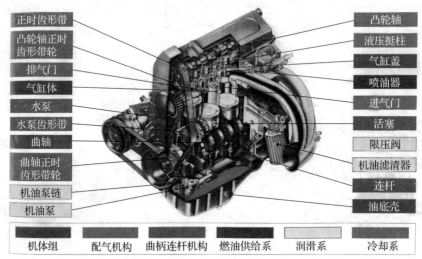

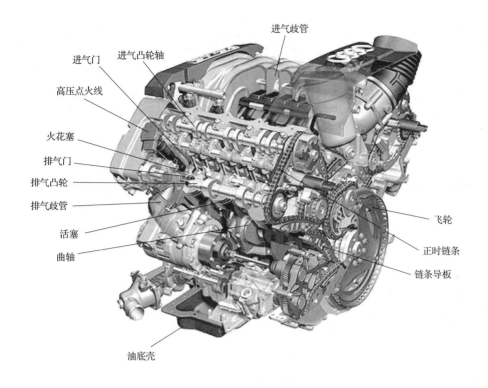

网络助学

请扫描下方二维码观看视频,辅助学习发动机简史、发动机工作原理、动力电池及驱动电动机相关知识等内容。

网络助学

课外拓学

请扫描下方二维码观看视频,了解同一型号的发动机高低功率版本的区别、纯电动汽车"两电机+四驱"技术、发动机新技术、三缸发动机、柴油发动机等内容。

课外拓学

实践操作

汽车动力源认知实训任务单

实训准备：发动机解剖台架。
实训目的： 1. 能够准确说出实训发动机的类型； 2. 能够在发动机台架上识别各部件； 3. 能够口述发动机工作原理及各部件的作用； 4. 能够举例说出各种电池在新能源汽车上的应用。
实训实施： 1. 观察发动机台架，补充以下信息。 ➢ 发动机类型： ➢ 发动机台架是：□往复活塞式发动机　□转子活塞式发动机 ➢ 发动机所加注的燃料是：□汽油　□柴油　□天然气 　规定加注燃料标号是：_____ ➢ 发动机的气缸数及布置形式是_____ ➢ 发动机的进气状态是：□自然吸气式　　□增压式 2. 请将发动机术语与相应解释连在一起。 上止点　　　　　　　气缸工作容积与燃烧室容积之和 下止点　　　　　　　活塞位于上止点时，活塞顶面以上气缸盖底面以下所形成的空间容积 活塞行程　　　　　　气缸总容积与燃烧室容积的比值 气缸工作容积　　　　活塞顶离曲轴回转中心最远处 发动机排量　　　　　活塞顶离曲轴回转中心最近处 燃烧室容积　　　　　上、下止点间所包容的气缸容积 气缸总容积　　　　　上、下止点间的距离 压缩比　　　　　　　发动机所有气缸工作容积的总和 3. 请在方框中填写发动机此时正处于何种工作行程，然后录制一段视频，口述发动机的工作原理，并将视频上传至作业平台。

续表

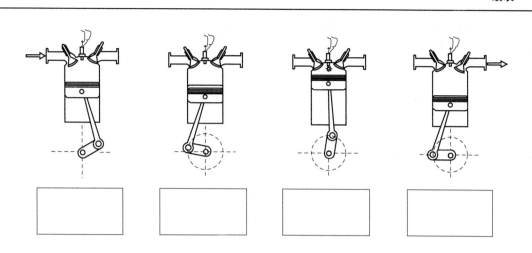

请写出所录制小视频的脚本内容。

4. 在实训发动机台架上找到相应实物,拍照传至作业平台,并完成自检表。

自检表

名称	是否找到	能否说出其功能	名称	是否找到	能否说出其功能
气缸体			进气门		
曲轴箱			排气门		
气缸盖			气门导管		
气缸盖罩			气门弹簧		
气缸垫			凸轮轴		
油底壳			凸轮轴齿形带轮		
活塞			液压挺柱		
活塞环			油压调节器		
活塞销			喷油器		
连杆			机油集滤器		
曲轴			机油泵		
飞轮			机油滤清器		
正时齿轮			火花塞		
皮带轮			起动机		
曲轴扭转减震器					

项目一 汽车结构

043

续表

5. 请通过网络或资料自学,写出应用以下类型电池的三款车型。
 ➤ 磷酸铁锂电池:_____
 ➤ 三元锂电池:_____

| 实训成绩: |
| 教师签名: |

任务总结

【思维导图】

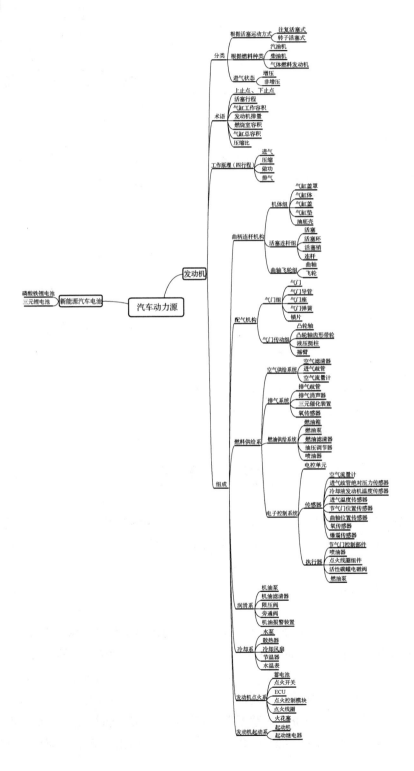

任务三 汽车底盘系统认知

小张到长城汽车 4S 店了解哈弗 H6 车型，经销售人员介绍，2021 款 1.5T 的哈弗 H6 有手动都市版和自动都市版。小张没开过自动挡的车，担心不会操作。到底手动变速器和自动变速器有什么区别呢？

知识目标：
1. 了解汽车底盘系统的功用及组成；
2. 掌握汽车底盘传动系、行驶系、转向系、制动系的组成及工作原理；
3. 了解新能源汽车制动能量回收系统。

技能目标：
1. 能够在实车上找到底盘系统各部件的位置；
2. 能够说出底盘各部件的作用和简要的工作原理。

理 论 学 习

汽车底盘由传动系、行驶系、转向系和制动系四大系统组成，其功用是接受发动机的动力，使汽车运动并保证汽车能够按照驾驶员的操纵正常行驶。图 3-1 为常见的轿车底盘结构。

3.1 传动系

汽车传动系是指从发动机到驱动车轮之间所有动力传递装置的总称。其功用是将发动机的动力传给驱动车轮。不同汽车的底盘组成略有不同，如采用手动变速器的前置后驱乘用车，其传动系一般是由离合器、手动变速器、万向传动装置（万向节和传动轴）、驱动桥（主减速器、差速器、半轴、桥壳）等组成，如图 3-2（a）所示；采用自动变速器的前置前驱乘用车的传动系由自动变速器、驱动桥（主减速器、差速器、半轴、桥壳）等组成，即用自动变速器取代了离合器和手动变速器，如图 3-2（b）所示；如果是四驱车，还应包括分动器。

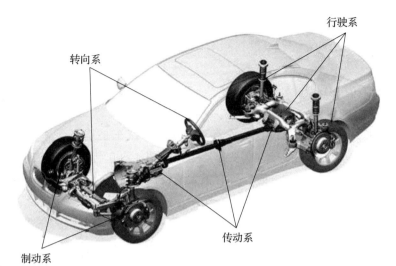

图 3-1 轿车底盘结构

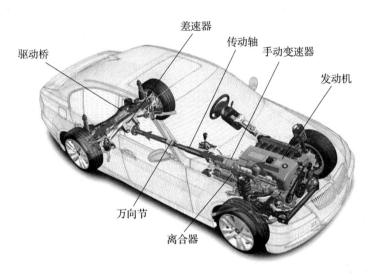

(a)

(b)

图 3-2 传动系组成

(a) 手动后驱乘用车；(b) 自动前驱乘用车

3.1.1 离合器

1. 离合器的功用

离合器的具体功用有以下 3 个方面：

（1）保证汽车平稳起步

在汽车起步前，要先起动发动机，而汽车起步时，汽车是从完全静止的状态逐步加速的。如果传动系与发动机刚性连接，则变速器一挂上挡，汽车将突然向前冲一下，但并不能起步。这是因为汽车从静止到前冲时，具有很大的惯性，对发动机造成很大的阻力矩。在这个惯性阻力矩作用下，发动机会立即熄火，车辆不能起步。

在发动机起动后，汽车起步之前，驾驶员先踩下离合器踏板，将离合器分离，使发动机和传动系脱开，再将变速器挂上挡，然后逐渐松开离合器踏板，使离合器逐渐接合。在接合过程中，由于离合器的接合紧密程度逐渐增大，发动机经传动系传给驱动车轮的转矩便逐渐增加，到牵引力足以克服起步阻力时，汽车即从静止开始运动并逐步加速。

（2）保证变速器换挡平顺

汽车在行驶过程中，为适应不断变化的行驶条件，传动系经常要更换不同挡位工作。实现齿轮式变速器的换挡，一般是拨动齿轮或其他挂挡机构，使原用挡位的某一齿轮副退出传动，再使另一挡位的齿轮副进入工作。在换挡前必须踩下离合器踏板，中断动力传动，这样，离合器由于动力的切断，转动惯量会随之变小，转动惯量的变小会更快地使待挂挡位齿轮与换挡前挡位齿轮同速，这样进入啮合时的冲击可以大大地减小，实现平顺的换挡。

（3）防止传动系过载

汽车紧急制动时，如果发动机与传动系刚性连接，发动机转速将急剧下降，其所有零件将产生很大的惯性力矩，这一力矩作用于传动系，会造成传动系过载而其机件损坏。有了离合器，当传动系承受载荷超过离合器所能传递的最大转矩时，离合器会通过主、从动部分之间的打滑来消除这一危险，从而起到过载保护的作用。

2. 膜片弹簧离合器的基本组成及构造

膜片弹簧离合器由主动部分、从动部分、压紧机构和操纵机构四部分组成。膜片弹簧离合器的构造如图 3 – 3 所示。

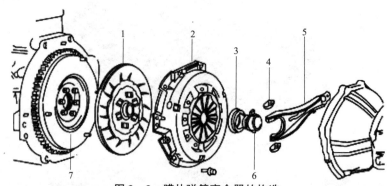

图 3 – 3　膜片弹簧离合器的构造

1—从动盘；2—离合器盖和压盘；3—分离轴承；4—卡环；5—分离叉；6—分离套筒；7—飞轮

主动部分包括飞轮、离合器盖和压盘。离合器盖用螺栓固定在飞轮上,压盘可轴向移动。这样,当发动机转动时,动力便经飞轮、离合器盖传到压盘,并一起转动。

从动部分包括从动盘和从动轴。从动盘双面带有摩擦衬片,离合器接合时摩擦衬片分别与飞轮和压盘相接触;从动盘通过花键毂装在变速器输入轴上。

压紧机构是膜片弹簧,它装在压盘与离合器盖之间,当驾驶员不踩离合器踏板时,弹簧力使飞轮、从动盘和压盘三者处于压紧状态,以传递发动机的动力。

操纵机构是由离合器踏板、进油软管、离合器主缸、离合器工作缸、油管总成、分离叉、分离轴承等组成。

3. 膜片弹簧离合器的工作原理

当离合器盖未安装到飞轮上时,膜片弹簧不受力而处于自由状态,此时离合器盖与飞轮之间有一距离 S,如图3-4(a)所示。当离合器盖通过螺栓固定在飞轮上时,膜片弹簧在支承环处受压产生弹性变形,此时膜片弹簧的外圆周对压盘产生压紧力使离合器处于接合状态,如图3-4(b)所示。当踩下离合器踏板时,分离轴承推动膜片弹簧内端,使膜片弹簧的外圆周以支承环为支点向后翘起,通过分离钩拉动压盘后移使离合器分离,如图3-4(c)所示。

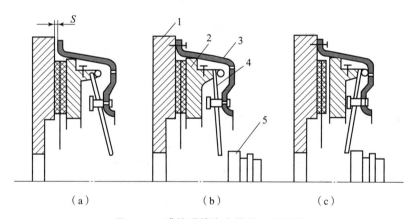

图3-4 膜片弹簧离合器的工作原理

(a)安装前位置;(b)安装后(接合)位置;(c)分离位置

1—飞轮;2—压盘;3—离合器盖;4—膜片弹簧;5—分离轴承

离合器在结合状态,发动机的曲轴带动飞轮旋转,飞轮带动和它连接在一起的离合器盖旋转;离合器盖再通过传动片,使压盘一起旋转;在膜片弹簧的压紧力作用下,从动盘也跟着一起旋转;从动盘中心的内花键与变速器输入轴的外花键配合,使变速器输入轴旋转。所以发动机的动力就通过离合器传到了变速器。

当驾驶员踩下离合器踏板,离合器的操纵机构使压盘和从动盘处于分离状态,发动机与变速器之间的动力中断。

4. 离合器操纵机构

离合器操纵机构是使离合器分离,并能柔和接合的一套机构,包括从离合器踏板到分离轴承之间的零部件和机构。目前,在汽车上应用较多的是液压式操纵机构,并多带有弹簧助力，如图3-5所示。

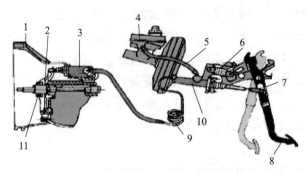

图3-5 带弹簧助力的液压式操纵机构

1—离合器壳体；2—分离叉；3—工作缸；4—制动液储液罐；5—进油软管；6—助力弹簧；
7—推杆；8—离合器踏板；9—油管总成；10—离合器主缸；11—分离轴承

3.1.2 变速器

1. 变速器的功用

（1）实现变速、变矩

汽车发动机具有转矩变化范围小、转速高的特点，这与汽车实际的行驶状况是不相适应的。如果没有变速器而直接将发动机与驱动桥连接在一起，首先由于发动机的转矩小，不能克服汽车的行驶阻力，使汽车根本无法起步；其次假使汽车行驶起来，也会由于车速太高而不实用，甚至无法驾控。所以必须改造发动机的转矩、转速特性，使发动机的转矩增大、转速下降以适应汽车实际行驶的要求。变速器是通过不同的挡位来实现这一功能的。

（2）实现倒车

在发动机旋转方向不能改变的前提下，为了实现汽车的倒向行驶，变速器设置了倒挡。

（3）实现中断动力传递

在发动机起动、怠速运转、变速器换挡、汽车滑行和暂时停车等情况下，都需要中断发动机的动力传动，因此变速器中设有空挡。

2. 变速器的类型

按操纵方式不同，变速器可分为手动变速器和自动变速器。

（1）手动变速器

手动变速器（Manual Transmission，缩写为MT）是通过驾驶员用手操纵变速杆来选定挡位，并直接操纵变速器的换挡机构进行挡位变换。

（2）自动变速器

自动变速器的控制系统根据发动机的负荷和车速的变化情况自动地选定挡位，并进行挡位变换。驾驶员只需要操纵油门踏板和制动踏板控制车速即可。

现在的自动变速器一般都兼有自动挡和手动挡两种模式，被称为手自一体自动变速器。配置手自一体自动变速器的车辆，在换挡杆位置有"＋""－"符号，表示挡位的加减。在自动模式，车辆可以像自动挡一样正常驾驶，变速器挡位自动变换；在手动模式，驾驶员可以像驾驶手动挡车辆一样,在不同的速度匹配合适的挡位。

3. 普通齿轮传动的基本原理

齿轮传动的基本原理如图 3-6 所示。一对齿数不同的齿轮啮合传动时可以实现变速,而且两齿轮的转速比与其齿数成反比。设主动齿轮转速为 n_1,齿数为 z_1,从动齿轮转速为 n_2,齿数为 z_2。主动齿轮(即输入轴)转速与从动齿轮(即输出轴)转速之比值称为传动比,用字母 i_{12} 表示,即由齿轮 1 传到齿轮 2 的传动比。

$$i_{12} = n_1/n_2 = z_2/z_1$$

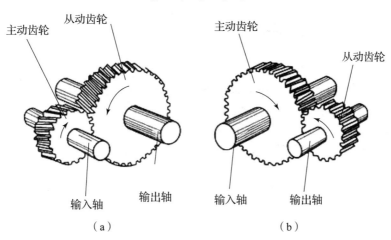

图 3-6 齿轮传动的基本原理
(a) 减速传动;(b) 增速传动

当小齿轮为主动齿轮,带动大齿轮转动时,输出转速降低,即 $n_2 < n_1$,称为减速传动,此时传动比 $i_{12} > 1$,如图 3-6(a)所示;当大齿轮驱动小齿轮时,输出转速升高,即 $n_2 > n_1$,称为增速传动,传动比 $i_{12} < 1$,如图 3-6(b)所示。这就是齿轮传动的变速原理。汽车变速器就是根据这一原理利用若干大小不同的齿轮副传动而实现变速的。

4. 手动变速器

(1) 手动变速器的结构

手动变速器包括变速传动机构和操纵机构两大部分。变速传动机构的主要作用是改变转矩的大小和方向;操纵机构的作用是实现换挡。

发动机横置且前置前轮驱动汽车的变速器与主减速器、差速器合称为变速驱动桥,结构如图 3-7 所示。

变速器的动力传递主要依靠两根相互平行的轴(输入轴和输出轴)完成。此外,还有一根比较短的倒挡轴(图 3-7 中未给出)以帮助汽车倒向行驶。图 3-7 所示的变速器具有五个前进挡和一个倒挡。

(2) 手动变速器的操纵机构

手动变速器操纵机构的功用是保证驾驶员能准确可靠地将变速器挂入所需要的挡位,并可随时退至空挡。

大部分乘用车的变速器离驾驶员座位较远,因而在变速杆和变速器之间需要加装拉索传动机构，构成远距离操纵机构。图3-8为发动机前置前轮驱动乘用车的远距离操纵机构。

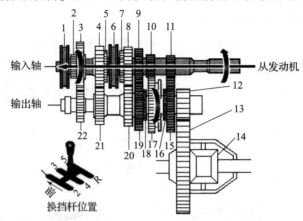

图3-7 发动机横置的两轴式变速器变速传动机构结构

1—五挡同步器接合套；2—五挡接合齿圈；3—五挡主动齿轮；4—四挡主动齿轮；5—四挡接合齿圈；
6—三、四挡同步器接合套；7—三挡接合齿圈；8—三挡主动齿轮；9—二挡主动齿轮；10—倒挡主动齿轮；
11——挡主动齿轮；12—主减速器主动齿轮；13—主减速器从动齿轮；14—差速器；15——挡从动齿轮；
16——挡接合齿圈；17—一、二挡同步器接合套及倒挡从动齿轮；18—二挡接合齿圈；
19—二挡从动齿轮；20—三挡从动齿轮；21—四挡从动齿轮；22—五挡从动齿轮

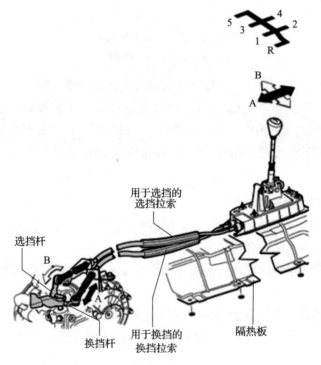

图3-8 五挡手动变速器的远距离操纵机构示意图

5. 自动变速器

汽车自动变速器即自动操纵式变速器。它可根据发动机负荷和车速等工况的变化自动变换传动系的传动比，使汽车获得良好的动力性和燃油经济性，同时有效减少发动机排放的污染，显著提高车辆行驶的安全性、乘坐舒适性和操纵轻便性。

自动变速器根据其变速原理不同可分为电控液力自动变速器、电控机械无级自动变速器和双离合器自动变速器。

(1) 电控液力自动变速器

电控液力自动变速器（Automatic Transmission，缩写为 AT）的技术非常成熟，稳定性较好，但是也有自身的不足，如对速度变化反应较慢，换挡顿挫感明显。并且随着各车厂都在增加 AT 的挡位，使得 AT 的体积和重量也随之增大，因此 AT 在未来挡位增加上有一定局限性。

AT 是由液力变矩器、机械变速器、液压控制系统、冷却滤油装置和电子控制系统组成，如图 3-9 所示。在换挡杆选定位置后，通过节气门位置传感器和车速传感器把节气门开度和车速等参数转变为电信号，并输入 ECU，ECU 根据这些电信号，按照设定的换挡规律通过控制电磁阀状态、控制液压阀等液压执行机构进行换挡。电控液力自动变速器控制原理如图 3-10 所示。

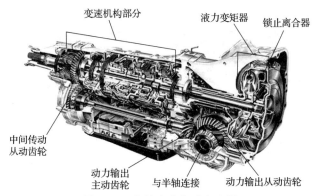

图 3-9 电控液力自动变速器

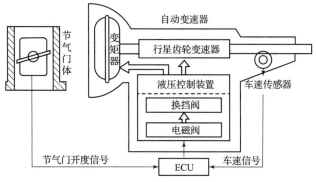

图 3-10 电控液力自动变速器控制原理

1) 液力变矩器

液力变矩器位于发动机和机械变速器之间，以自动变速器油（ATF）为工作介质，起传递扭矩、变矩、变速及离合的作用。

液力变矩器主要由泵轮、涡轮、导轮、锁止离合器和变矩器壳等组成。如图 3-11 和图 3-12 所示。

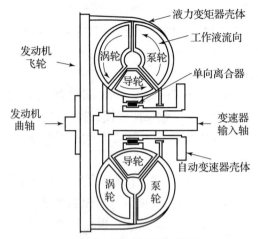

图3-11 液力变矩器示意图

图3-12 液力变矩器实物图

泵轮是液力变矩器的输入元件,位于液力变矩器的后端,与变矩器壳体刚性连接。变矩器总成用螺栓固定在发动机曲轴后端,随曲轴一起旋转。

涡轮是液力变矩器的输出元件,它通过花键孔与行星齿轮系统的输入轴相连。涡轮位于泵轮前方,其叶片面向泵轮叶片。

导轮位于泵轮和涡轮之间,是液力变矩器的反应元件,通过单向离合器单方向固定在导轮轴或导轮套管上。

锁止离合器将泵轮和涡轮直接连接起来,即将发动机与机械变速器直接连接起来,减少液力变矩器在高速时的能量损耗,提高传动效率和燃油经济性。

2) 齿轮变速机构

如图3-13所示,单排行星齿轮机构主要由太阳轮、行星架、齿圈和行星轮组成。通常行星轮有3~6个,通过滚针轴承安装在行星齿轮轴

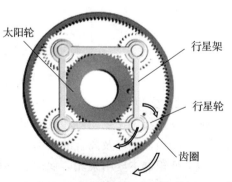

图3-13 单排行星齿轮机构

上，行星齿轮轴均匀地安装在行星架上。行星齿轮机构工作时，行星齿轮除了绕自身轴线自转外，同时还可绕着太阳轮公转。

3）液压控制系统

液压控制系统的作用是传递动力并控制自动变速器内部的执行元件，与此同时，还起到润滑和冷却的作用。

液压控制系统由动力源、执行机构和控制机构组成。动力源是由液力变矩器泵轮驱动的液压油泵。执行机构主要由离合器、制动器和单向离合器组成。控制机构包括主油路调压阀、手动阀、换挡阀及锁止离合器控制阀等，集中安装在自动变速器的阀体上。

4）电子控制系统

电子控制系统由信号输入装置、执行元件和电控单元组成。

①信号输入装置。信号输入装置包括传感器和信号开关装置。传感器主要有节气门位置传感器、发动机转速传感器、车速传感器、输入轴转速传感器、变速器油温传感器。信号开关装置主要有超速挡开关、模式选择开关、多功能开关、制动灯开关。

②执行元件。电磁阀是电子控制系统的执行元件，按其作用可分为换挡电磁阀、锁止电磁阀和调压电磁阀。按其工作方式可分为开关式电磁阀和脉冲式电磁阀。

③电控单元。电子控制自动变速器可以与发动机电子燃油喷射系统共用一个电控单元，也可以使用独立的电控单元。

电控单元由接收器、控制器和输出装置组成。接收器接收各输入装置的信号，并对其放大或调制；控制器将这些信号与内存中的数据进行对比，根据对比结果做出是否换挡等决定，再由输出装置将控制信号输送给电磁阀。

电控单元具有以下功能：控制换挡时刻；控制主油路油压；控制锁止离合器；控制换挡品质；自动模式选择控制；发动机制动作用控制；使用输入轴转速传感器的控制；超速行驶控制；自诊断与失效保护控制。

（2）电控机械无级自动变速器

电控机械无级自动变速器（Continuously Variable Transmission，缩写为CVT）简称无级自动变速器，与有级式的区别在于，它的传动比不是间断的点，而是一系列连续的值，主要靠主、从动轮和金属带实现传动比的无级变化。

1）CVT的特点

CVT没有传动齿轮，挡位是连续线性变化的，提速无换挡冲击，急加速时没有换挡顿挫现象，因此CVT可以改善驾驶舒适性能。CVT可以在相当宽的范围内实现无级变速，可获得传动系与发动机工况的最佳匹配，因此可以提高燃油经济性。另外，CVT还有重量轻、体积小、零件少的优点。但CVT由于传动的钢制皮带承受力量有限，所承载的扭矩受限，而且由于构造原理和机械磨损的不可逆性，钢制皮带的使用寿命始终无法完美地解决，可靠性得不到充分的保证。

2）CVT结构及工作原理

CVT的主要结构和工作原理如图3-14所示，该系统主要包括主动轮组、从动轮组、金属带和液压泵等基本部件。金属带由两束金属环和几百个金属片构成。主动轮组和从动轮组都由可动盘和固定盘组成，与油缸靠近的一侧带轮可以在轴上滑动，另一侧则固定。可动盘与固定盘都是锥面结构，它们的锥面形成V形槽与V形金属带啮合。发动机输出轴输出的动力首先传递到 CVT 的主动轮,然后通过 V 形金属带传递到从动轮,最后经减速器、差速器传递给车轮来驱动汽车。工作时通过主动轮与从动轮的可动盘轴向移动来改变主动轮、从动轮锥面与 V 形金属带啮合的工作半径,从而改变传动比。可动盘的轴向移动量是通过控制系统调节主动轮、从动轮液压泵油缸压力来实现的。由于主动轮和从动轮的工作半径可以实现连续调节,从而实现了无级变速。

 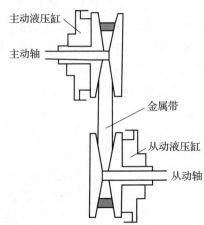

图 3-14　CTV 结构与工作原理

（3）双离合器自动变速器

双离合器自动变速器（Double Clutch Transmission，缩写为 DCT）的结构是基于手动变速箱而不是自动变速箱。所以,DCT 除了拥有手动变速箱的传动效率高、承载扭矩大等优点和自动变速箱的舒适性,还能提供无间断的动力输出。

DCT 有两种形式,即俗称的"湿式"和"干式"。"湿式"是指双离合器安装于一个充满液压油的封闭油腔里。这种"湿式"结构具有更好的调节能力和优异的热容性,因此能够传递比较大的扭矩。

湿式双离合自动变速器的结构由多片湿式双离合器、齿轮变速器、自动换挡机构、电子控制液压控制系统组成,如图 3-15（a）所示。其中最具创意的核心部分是双离合器和齿轮箱,如图 3-15（b）所示。

干式双离合器如同手动变速器前面的离合器,利用摩擦传递动力。

3.1.3　万向传动装置

万向传动装置用来实现变角度的动力传递,一般由万向节和传动轴组成,如图 3-16 所示。万向传动装置在汽车上的应用主要有以下几个方面：

①变速器与驱动桥之间（发动机前置后驱）；
②变速器与分动器之间（越野汽车）；
③转向驱动桥的内、外半轴之间；
④断开式驱动桥的半轴之间；
⑤转向机构的转向轴和转向器之间。

万向节是万向传动装置中实现变角度传动的主要部件。目前在汽车上应用最广泛的万向节有十字轴式、球笼式和三枢轴-球面滚轮式（简称三枢轴式）三种形式。

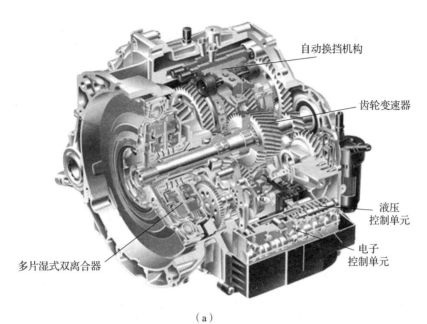

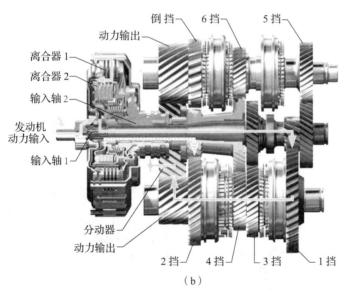

图 3-15 DCT 的结构

(a) 湿式双离合自动变速器的结构；(b) 双离合器和齿轮箱的结构

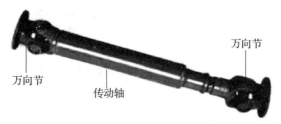

图 3-16 万向传动装置

1. 十字轴式万向节

十字轴式万向节在发动机前置后轮驱动的汽车传动系中应用最为广泛，它允许相邻两轴的最大交角为15°～20°。它一般由一个十字轴、两个万向节叉和四个滚针轴承等机件组成，如图3－17所示。

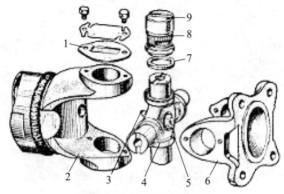

图3－17 十字轴式万向节

1—轴承盖；2，6—万向节叉；3—油嘴；4—十字轴；5—安全阀；7—油封；8—滚针；9—套筒

2. 球笼式万向节

球笼式万向节广泛应用于发动机前置前轮驱动的汽车传动系中。

固定型球笼式等速万向节两轴允许交角范围较大（45°～50°），其结构如图3－18所示。

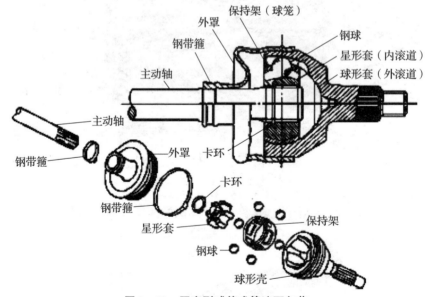

图3－18 固定型球笼式等速万向节

伸缩型球笼式万向节如图3－19所示，适用于断开式驱动桥。在发动机前置前轮驱动且采用独立悬架的轿车转向驱动桥中，伸缩型球笼式万向节布置在靠近主减速器侧（内侧），而固定型球笼式万向节则布置在靠近车轮处（外侧）。

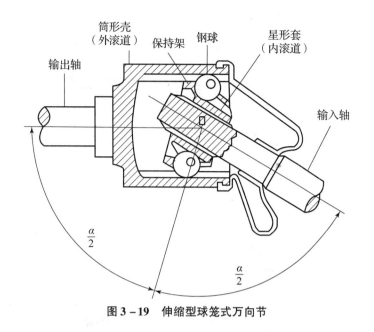

图 3-19 伸缩型球笼式万向节

3. 三枢轴式万向节

三枢轴式等速万向节是近年来应用较为广泛的一种新型等速万向节,如图 3-20 所示。它具有结构简单、体积小、质量轻、润滑好、散热快、承载能力大和工作可靠等优点,主要应用于汽车前后驱动桥中,特别是采用轻量化设计和布置比较困难的中小排量轿车。三枢轴式等速万向节的夹角一般为 25°,伸缩量为 40~60 mm。

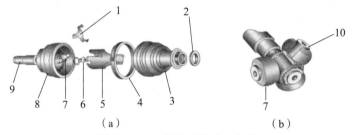

图 3-20 三枢轴式等速万向节
(a) 零件的分解图;(b) 枢轴与球面滚轮的装配图
1—锁定三脚架;2—橡胶紧固件;3—保护罩;4—保护罩卡箍;5—叉形元件;
6—止推块;7、10—球面滚轮;8—外座圈;9—输入轴

4. 传动轴

一般发动机前置后轮驱动的汽车,连接变速器与驱动桥的传动轴部件由传动轴及两端焊接的花键轴和万向节叉组成。为了减轻质量、获得较高的强度,传动轴多做成空心的,如图 3-21 所示。

在发动机前置前轮驱动轿车的万向传动装置中,通常将传动轴制成实心轴,如图 3-22 所示。

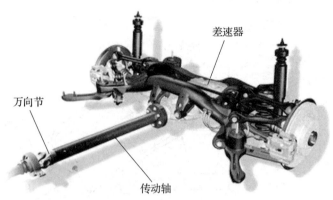

图 3-21　发动机前置后轮驱动汽车的传动轴

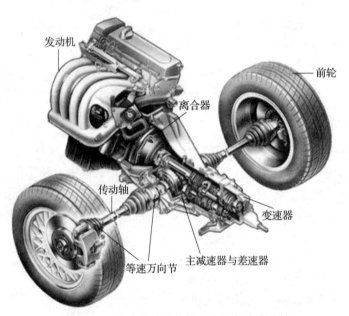

图 3-22　发动机前置前轮驱动汽车的传动轴

3.1.4　主减速器与差速器

1. 主减速器

主减速器的功用是将输入的转矩增大并相应降低转速，并可根据需要改变转矩的方向。主动齿轮安装在变速器输出轴上，是个小齿轮，从动齿轮是个大齿轮，小齿轮带动大齿轮传动，产生减速增矩的效果。

发动机横向布置时，主减速器是一对圆柱齿轮传动，如图 3-23 所示。

发动机纵向布置时，主减速器是一对圆锥齿轮传动，使变速器输出的转矩传递方向改变 90°，如图 3-24 所示。

2. 差速器

差速器的功用是将主减速器传来的动力传给左、右半轴，并在必要时允许左、右半轴以不同转速旋转，使左右车轮相对地面纯滚动而不是滑动。

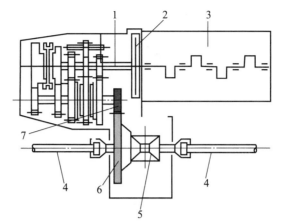

图 3-23 发动机横置主减速器结构示意图

1—变速器;2—离合器;3—横置发动机;4—半轴;5—差速器;
6—主减速器从动齿轮;7—主减速器主动齿轮

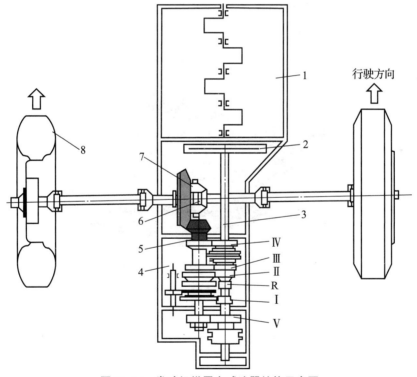

图 3-24 发动机纵置主减速器结构示意图

1—纵置发动机;2—离合器;3—变速器输入轴;4—变速器;5—变速器输出轴(主减速器主动锥齿轮);
6—差速器;7—主减速器从动锥齿轮;8—前轮;
Ⅰ、Ⅱ、Ⅲ、Ⅳ、Ⅴ——、二、三、四、五挡输入齿轮;R—倒挡齿轮

当汽车转弯行驶时,内外两侧车轮中心在同一时间内移过的曲线距离不同,即外侧车轮移过的距离大于内侧车轮,如图 3-25 所示。若两侧车轮都固定在同一刚性轴上,两轮加速度相等,则此时外侧车轮必然是边滚动边滑移,内侧车轮必然是边滚动边滑转。

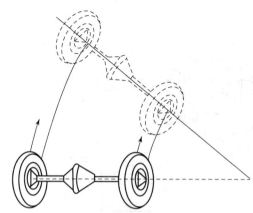

图 3 – 25　汽车转向时驱动车轮的运动示意图

车轮对地面的滑动不仅会加速轮胎的磨损、增加汽车的动力消耗，而且可能导致转向和制动性能的恶化。所以，在正常行驶条件下，应使车轮尽可能不发生滑动。

常用的对称式锥齿轮差速器主要由两个半轴齿轮（通过半轴与车轮相连）、两个行星齿轮（行星齿轮轴安装在差速器壳体上）、一个环形齿轮（主减速器从动齿轮）和差速器壳等组成，如图 3 – 26 所示。

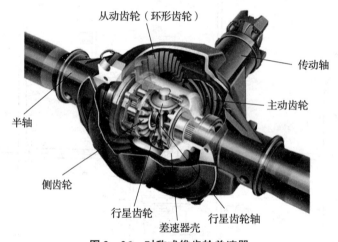

图 3 – 26　对称式锥齿轮差速器

来自主减速器的动力依次传给差速器壳、行星齿轮轴、行星齿轮、半轴齿轮，再经左右半轴传至驱动轮。根据左右两驱动轮遇到阻力的不同，差速器可使左右两驱动轮等速转动或不等速转动。

汽车直线或在平坦道路上行驶时，两驱动轮转速相等，行星齿轮与差速器壳一起旋转，行星齿轮不绕行星齿轮轴自转，如图 3 – 27（a）所示。因此，半轴齿轮的转速与环形齿轮（主减速器从动齿轮）的转速相同。

汽车转弯（例如右转弯）时，右驱动轮滚动阻力大、行驶路程较短，因而其转速也较左驱动轮慢。此时，行星齿轮除随差速器壳公转外，还在转得较慢的右车轮半轴齿轮上滚动，如图 3 – 27（b）所示。因此，行星齿轮绕行星齿轮轴自转，使右半轴齿轮转速减小，左半轴齿轮转速增大，达到汽车转弯时两驱动轮以不同速度旋转的目的。

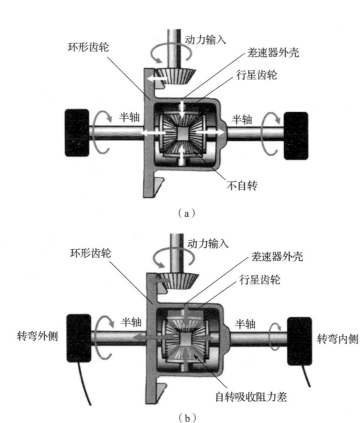

图 3-27 差速器工作原理

(a) 汽车直线行驶时;(b) 汽车转弯行驶时

3.1.5 电动汽车的传动系

电动汽车传动系的功用是将电动机的驱动力矩传给驱动车轮。

1. 混合动力汽车传动系结构

油电混合动力汽车中由于仍有发动机,所以传动系结构与燃油汽车的传动系基本相同。AMT、AT 和 CVT 仍可使用,同时引入了电力无级变速器;变速器和主减速器可以在不改变功率的前提下,大大降低峰值力矩,从而减小电动机的体积、降低成本,所以应根据实际需要配置变速器或主减速器。

2. 纯电动汽车传动系结构

目前市面上在售的纯电动车采用的都是固定齿比变速箱,简称为电动车单速变速箱,准确来说应该称为"单速减速器",即便把它称为变速箱,也不能和燃油汽车的变速箱相提并论。

由于电动机的速度—转矩特性非常适合汽车驱动的需求,纯电动模式下,汽车的驱动系统不再需要多挡位的变速器,驱动系统结构得以大幅简化。但汽车需要增大电动机转矩,所以需要设置减速装置,将电动机的转速进行一定的减小并增大转矩,以适应汽车多种工况。纯电动汽车的单速减速器是采用固定传动比将电机转速减小并增大转矩的装置,不同车型传动比不同。图 3-28 所示为纯电动汽车传动系的结构,来自电动机的功率流依次通过电动机轴齿轮、中间轴齿轮、减速器主动齿轮、减速器从动齿轮和差速器传至驱动半轴，进而使车轮旋转。该减速器的传动比为两级速比的乘积。

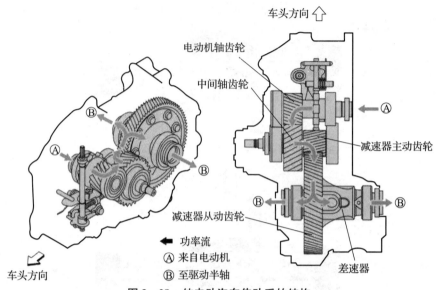

图 3-28　纯电动汽车传动系的结构

采用不同的电力驱动系统可构成不同结构形式的电动汽车驱动系统。目前主要有单电机前置前驱和双电机四驱两种形式。

单电机前置前驱形式的结构与发动机前置前驱燃油汽车的传动结构相似，把发动机换为电动机，将变速器换为单速减速器，并将电动机、减速器、差速器和功率逆变器集成在一起，外部只有强电、弱电线束和冷却水管。这种结构在中、低档纯电动轿车上应用最普遍。如图 3-29 所示。

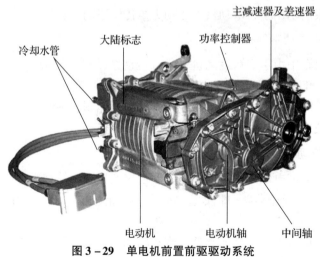

图 3-29　单电机前置前驱驱动系统

若前后轴各采用一台这样的动力驱动系统则是双电机四轮驱动，主要应用在高档纯电动轿车上。

3.2 行驶系

行驶系的主要功用是:
①接受由发动机经传动系传来的转矩,并通过驱动轮与地面之间的附着作用,产生驱动力,以保证整车正常行驶;
②支承汽车的总质量;
③传递并支承路面作用于车轮上的各种反力及其所形成的力矩;
④尽可能地缓和不平路面对车身造成的冲击和振动,保证汽车平顺行驶。

汽车行驶系一般由车架、车桥、车轮和悬架等部分组成,如图 3-30 所示。车轮支承着车桥,车桥又通过弹性悬架与车架相连接。车架是整个汽车的基体,它将汽车的各相关总成连接成一个整体,构成汽车的装配基础。

图 3-30 汽车行驶系的组成

3.2.1 车架

车架俗称"大梁",通过悬架装置坐落在车桥上,其上装有发动机、变速器、传动轴、前后悬架、车身等总成及部件。车架的功用是支承、连接汽车的各总成,使各总成在汽车复杂多变的行驶过程中有正确的相对位置,并承受来自车内外的各种载荷。因此,要求车架具有足够的强度和适当的刚度,同时,降低车架高度,以使汽车重心位置降低,保证汽车的行驶稳定性;此外,车架要尽可能的轻,以降低整车质量,提高汽车动力性。

按照车架结构的不同,车架可分为边梁式车架和承载式车身。

边梁式车架属于非承载式车身,被广泛应用在载货汽车、越野车和特种汽车上,如图 3-31 所示。边梁式车架两根纵梁贯穿整个车身,底盘的强度较高,抗颠簸性能好,就算四个车轮受力不均匀,也是由车架承受,不会传递到车身,所以车身不容易扭曲变形。

承载式车身被广泛应用于乘用车和城市型 SUV 上。承载式车身没有车架,车身作为发动机和底盘各总成的安装基体,车身还兼有车架的作用并承受全部载荷,以薄钢板构成为主,如图 3-32 所示。

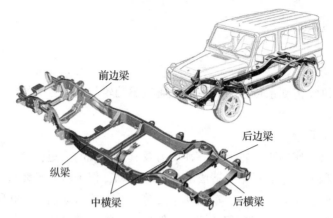

图 3-31 边梁式车架

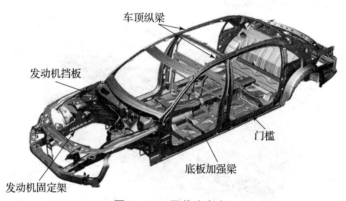

图 3-32 承载式车身

3.2.2 车桥

车桥俗称"车轴",通过悬架和车架(或承载式车身)相连,两端安装车轮,其功用是传递车架(或承载式车身)与车轮之间各方向的作用力及其力矩。

车桥根据悬架结构形式的不同分为整体式和断开式两种。与独立悬架配合使用的是断开式车桥,为活动关节式结构;与非独立悬架配合使用的是整体式车桥,其中部是刚性的实心或空心梁。

按照用途的不同,车桥又可分为转向桥、驱动桥、转向驱动桥和支持桥四种类型。发动机前置前轮驱动的汽车,前桥为转向驱动桥,后桥为支持桥;发动机前置后轮驱动的汽车,前桥为转向桥,后桥为驱动桥;四轮驱动的汽车,前桥为转向驱动桥,后桥为驱动桥。

1. 转向桥

转向桥是利用转向节使车轮偏转一定角度以实现汽车的转向。它除承受垂直载荷外,还承受纵向力和侧向力及这些力产生的力矩。转向桥通常位于汽车前部,因此也常称为前桥。

各类汽车的转向桥结构基本相同,主要由前轴、转向节、主销等组成,如图 3-33 所示。

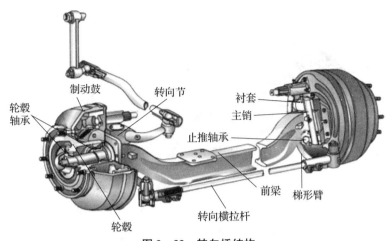

图 3-33 转向桥结构

2. 驱动桥

驱动桥根据结构不同可分为非断开式驱动桥和断开式驱动桥。

当车轮采用非独立悬架时，驱动桥采用非断开式。其特点是半轴套管与主减速器壳刚性连成一体，整个驱动桥通过弹性悬架与车架相连，两侧车轮和半轴不能在横向平面内做相对运动。非断开式驱动桥也称整体式驱动桥，主要应用在货车和部分越野车的后桥上，如图 3-34 所示。

图 3-34 整体式驱动桥

当驱动轮采用独立悬架时，两侧的驱动轮分别通过弹性悬架与车架相连，两车轮可彼此独立地相对于车架上下跳动，传动轴通过万向节与驱动桥和驱动轮铰接，这种驱动桥称为断开式驱动桥。发动机前置后轮驱动的轿车大多使用这种形式的驱动桥，如图 3-35 所示。

3. 转向驱动桥

前轮驱动及四轮驱动的汽车，前桥既能转向还起驱动的作用，故称为转向驱动桥，如图 3-36 所示。

转向驱动桥多与麦弗逊式独立悬架配合使用，因其前轮内侧空间较大，便于布置，具有良好的接近性，维修方便，所以被广泛采用。

4. 支持桥

支持桥是既无转向功能又无驱动功能的车桥，如图 3-37 所示。

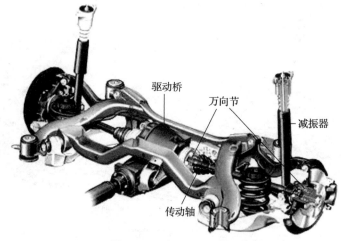

图 3-35 断开式驱动桥

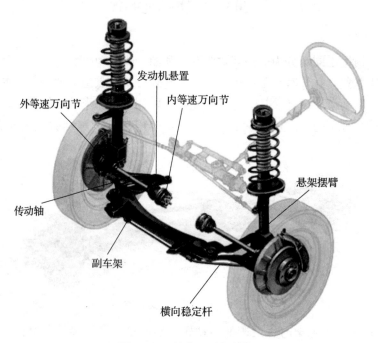

图 3-36 转向驱动桥结构

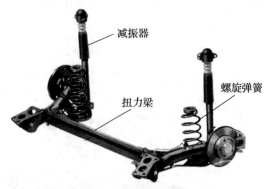

图 3-37 支持桥结构

3.2.3 车轮与轮胎

车轮与轮胎的功用是：支承整车；缓和来自路面的冲击力；产生驱动力、制动力和侧向力；产生回正力矩；承担越障、提高通过性的作用等。

1. 车轮

车轮是介于轮胎和车轴之间承受负荷的旋转组件，主要由轮毂、轮辋和轮辐组成。轮毂通过圆锥滚子轴承装在车桥或转向节上，用于连接车轮与车桥。轮辋用于安装和固定轮胎。轮辐是介于轮毂和轮辋之间的支承部分。

按轮辐的构造，车轮可分为辐板式和辐条式两种，如图3-38和图3-39所示。

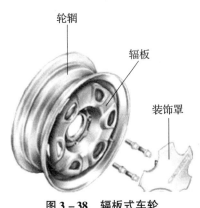

图3-38 辐板式车轮

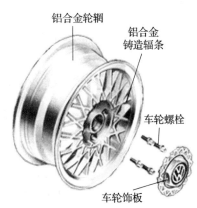

图3-39 辐条式车轮

轮辋的常见形式主要有两种：深槽轮辋和平底轮辋，如图3-40所示。其中深槽轮辋用于轿车和轻型越野车，平底轮辋用于中型货车。

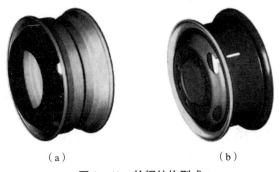

图3-40 轮辋结构型式
(a) 深槽轮辋；(b) 平底轮辋

2. 轮胎

轮胎的功用是：支撑汽车及货物的总质量；保证车轮和路面的附着，以提高汽车的牵引性、制动性和通过性；与汽车悬架一同减少汽车行驶中所受到的冲击，并衰减由此而产生的振动，以保证汽车有良好的乘坐舒适性和行驶平顺性。因此，轮胎内部必须充有气体，以具有一定的承受载荷的能力和适宜的弹性；轮胎的外部有较复杂的花纹，以提高与路面的附着性。

(1) 轮胎的类型

按胎体结构的不同,轮胎可分为充气轮胎和实心轮胎两种,现代汽车绝大多数采用充气轮胎。

按胎内的空气压力大小,充气轮胎可分为高压胎,低压胎和超低压胎三种。一般气压在 0.5~0.7 MPa 为高压胎, 0.15~0.45 MPa 为低压胎, 0.15 MPa 以下为超低压胎。低压胎弹性好,断面宽,接地面积大,壁薄散热好,从而提高了汽车行驶的平顺性、稳定性,同时提高了轮胎的使用寿命,所以汽车上几乎全部使用低压胎。

轮胎按组成结构不同,可分为有内胎轮胎和无内胎轮胎两种;按胎体中帘线排列的方向不同,还可分为普通斜交胎和子午线胎。目前汽车上广泛应用的是无内胎的子午线轮胎,如图 3-41 所示。

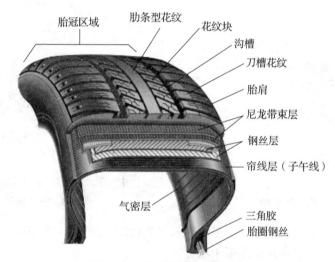

图 3-41 无内胎的子午线轮胎

(2) 轮胎胎面花纹

为使轮胎与地面有良好的附着性能,防止纵、横向滑移,在胎面上制有各种形状的花纹,主要有普通花纹(包括纵向折线花纹和横向花纹)、混合花纹、越野花纹等。

普通花纹的特点是花纹细而浅,花纹块接地面积大,因而耐磨和附着性较好,如图 3-42 (a) 所示。其中纵向折线花纹滚动阻力小,操纵性能好,噪声小,适合于在较好的硬路面上高速行驶,广泛用于轿车、客车及货车等各种车辆;横向花纹有耐磨性好、不易夹石等优点,但滚动阻力大,所以仅用于货车。

混合花纹由纵向折线花纹和横向花纹组合而成,如图 3-42 (b) 所示,在好路面和不良路面上都可提供稳定的驾驶性能,广泛用于客车和货车。

越野花纹的凹部深而粗,在软路面上与地面附着性好,越野能力强,如图 3-42 (c) 所示,适用于矿山、建筑工地及其他一些在松软路面上使用的越野汽车轮胎。

(3) 轮胎规格标记方法

充气轮胎尺寸的标记如图 3-43 所示。D 为轮胎名义外径、d 为轮辋名义直径、H 为轮胎断面高度、B 为轮胎断面宽度。H 与 B 之比称为轮胎的高宽比(以百分比表示),即

  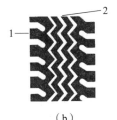 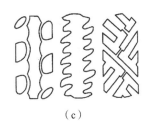

(a) (b) (c)

图 3-42 胎面花纹

(a) 普通花纹；(b) 混合花纹；(c) 越野花纹

1—横向花纹；2—纵向折线花纹

$H/B \times 100\%$，又称作轮胎的扁平率。轮胎的扁平率越小，说明轮胎的断面越宽，故扁平率小的轮胎称为宽断面轮胎。宽断面轮胎的优点是：因断面宽，接地面积大，接地比压小，磨损减小，滚动阻力也小，抗侧向稳定性强。因此，在相同承载能力下，宽断面轮胎较普通轮胎的直径可以减小。因此，在高速轿车上得到广泛应用。

轿车轮胎规格表示方法如下所示。

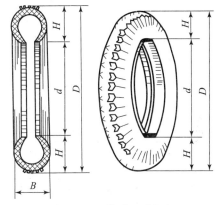

图 3-43 轮胎尺寸标记

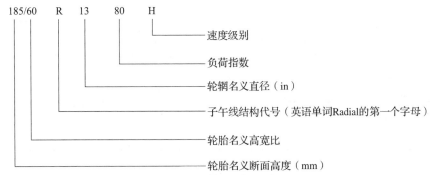

我国轮胎负荷指数如表 3-1 所示，轮胎速度级别如表 3-2 所示。

表 3-1 我国轮胎负荷指数

负荷指数	最大载荷质量/kg	负荷指数	最大载荷质量/kg
71	345	77	412
72	355	78	425
73	365	79	437
74	375	80	450
75	387	81	462
76	400	82	475

续表

负荷指数	最大载荷质量/kg	负荷指数	最大载荷质量/kg
83	487	105	925
84	500	106	950
85	515	107	975
86	530	108	1 000
87	545	109	1 030
88	560	110	1 060
89	580	111	1 090
90	600	112	1 120
91	615	113	1 150
92	630	114	1 180
93	650	115	1 215
94	670	116	1 250
95	690	117	1 285
96	710	118	1 320
97	730	119	1 360
98	750	120	1 400
99	775	121	1 450
100	800	122	1 500
101	825	123	1 550
102	850	124	1 600
103	875	125	1 650
104	900		

表 3-2 轮胎速度级别

速度级别	最高速度/(km/h)	速度级别	最高速度/(km/h)
J	100	S	180
K	110	T	190
L	120	U	200
M	130	H	210
N	140	V	240
P	150	W	270
Q	160	Y	300
R	170	ZR	大于 240

3.2.4 悬架

悬架的作用是把路面作用于车轮上的法向反力（支持力）、切向反力（牵引力和制动力）和侧向反力以及这些反力所产生的力矩传递到车架（或承载式车身）上，缓和并衰减汽车在行驶中产生的冲击及振动，以保证汽车的正常行驶。

1. 悬架的组成

现代汽车的悬架一般是由弹性元件、减振器、导向机构和横向稳定器四部分组成，如图3-44所示。

（1）弹性元件

弹性元件的作用是承受并传递垂直载荷，缓和由于路面不平引起的对车身的冲击。弹性元件有钢板弹簧、螺旋弹簧、扭杆弹簧以及空气弹簧等形式。现代轿车悬挂系统多采用螺旋弹簧和扭杆弹簧，个别高级轿车使用空气弹簧。

（2）减振器

减振器是用来衰减由于弹性元件引起的振动。当车辆行驶在不平路面时，弹性元件受到地面冲击后发生形变，而弹性元件需要恢复原形会出现来回振动的现象，这样显然会影响汽车的操控性和舒适性。而减振器对弹簧起到阻尼作用，抑制弹簧来回摆动，这样在汽车通过不平路段时，才不至于不停地颤动。

（3）横向稳定器

横向稳定器也叫稳定杆、平衡杆，主要是防止车身侧倾，保持车身平衡，如图3-45所示。稳定杆的两端分别固定在左右悬架上，当汽车转弯时，外侧悬架会压向稳定杆，稳定杆发生弯曲，由于变形产生的弹力可防止车轮抬起，从而使车身尽量保持平衡。

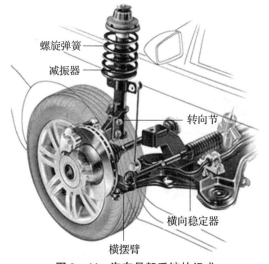

图3-44 汽车悬架系统的组成

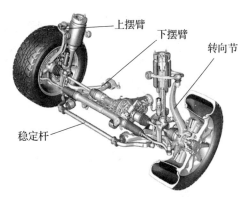

图3-45 横向稳定器安装位置

2. 悬架的分类

汽车悬架可分为非独立悬架和独立悬架两大类，如图3-46所示。非独立悬架的结构特点是两侧的车轮由一根整体式车桥相连，当一侧车轮因道路不平而发生跳动时，必然引起另一侧车轮在汽车横向平面内摆动。独立悬架的结构特点是车桥做成断开的,两侧车轮可以单独地通过弹性悬架与车架(或车身)连接,单独跳动,互不影响。

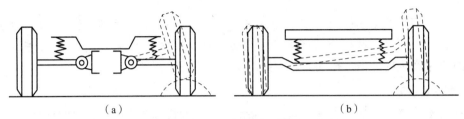

图 3-46 独立悬架与非独立悬架示意图
(a) 独立悬架;(b) 非独立悬架

(1) 非独立悬架

非独立悬架因其结构简单,工作可靠,广泛应用于货车的前、后悬架,而在轿车中非独立悬架仅用于后悬架。非独立悬架有钢板弹簧式非独立悬架和扭力梁式非独立悬架两种形式。

1) 钢板弹簧式非独立悬架

钢板弹簧式非独立悬架主要由钢板弹簧和减振器组成,如图 3-47 所示。由于钢板弹簧本身可以兼起导向机构的作用,并有一定的减振作用,就使得悬架结构大为简化。钢板弹簧是货车、卡车悬架中应用最广泛的一种弹性元件,由若干片等宽但不等长的合金弹簧片组成近似等强度的弹性梁。

2) 扭力梁式非独立悬架

扭力梁式非独立悬架的两个车轮之间没有硬轴直接相连,而是通过一根扭力梁连接,扭力梁可以在一定范围内扭转。当一个车轮遇到非平整路面时,扭力梁会对另一侧车轮产生一定的干涉,如图 3-48 所示。

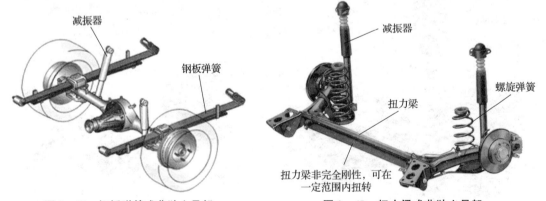

图 3-47 钢板弹簧式非独立悬架　　　　图 3-48 扭力梁式非独立悬架

扭力梁式非独立悬架相对于独立悬架来说舒适性要差一些,不过结构简单可靠,也不占空间,而且维修费用也比独立悬架低,所以多用在小型车和紧凑型车的后桥上。

(2) 独立悬架

独立悬架主要有三种形式,即麦弗逊式独立悬架、双横臂式独立悬架和多连杆式独立悬架。

1) 麦弗逊式独立悬架

麦弗逊式独立悬架的结构如图 3-49 所示。它突出的特点是以筒式减振器为滑动立柱，减振器的上端通过带轴承的隔振块总成（可看作减振器的上铰链点）与车身相连，减振器的下端与转向节相连。下摆臂外侧与转向节铰接，内侧与车架铰接。车轮所受的侧向力通过转向节大部分由下摆臂承受，其余部分由减振器活塞和活塞杆承受。

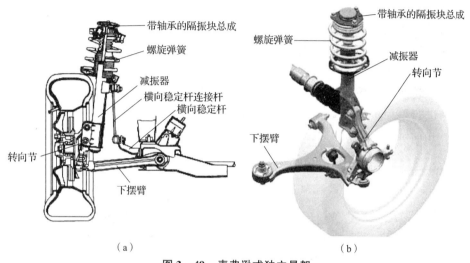

图 3-49 麦弗逊式独立悬架

(a) 平面图；(b) 立体图

麦弗逊式独立悬架的设计特点是结构简单，重量轻，占用空间小，响应速度和回弹速度快，减振能力较强。然而麦弗逊式独立悬架抗侧倾和制动点头能力弱，稳定性较差。目前麦弗逊式独立悬架多用于轿车的前悬架。

2) 双横臂式独立悬架

双横臂式独立悬架结构可以理解为在麦弗逊式独立悬架基础上多加一个上摆臂与车身相连，车轮的横向力和纵向力都由摆臂承受，减振机构只负责支撑车体和减振的任务。

为了传递纵向力，上下两个摆臂一般都做成 A 字形或 V 字形，所以这种悬架又称为双叉臂式或双 A 臂式独立悬架。悬架的上下两个 V 形摆臂，一端安装在转向节上，另一端安装在车架上，如图 3-50 所示。

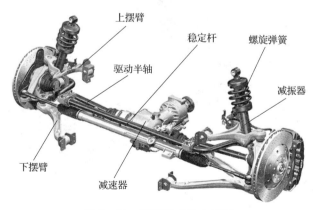

图 3-50 双横臂式独立悬架

双横臂式独立悬架上下横臂不等长（上短下长），让车轮在上下运动时能自动改变外倾角并且减小轮距变化，减少轮胎磨损，并且能自适应路面，轮胎接地面积大，贴地性好。但由于双横臂式独立悬架比麦弗逊式独立悬架多了一个上摆臂，需要占用较大的空间，而且定位参数较难确定，因此多应用在中高级轿车的后悬架。

3）多连杆式独立悬架

多连杆式独立悬架是由 3~5 根杆件组合起来控制车轮位置变化的悬架，其结构如图 3-51 所示。多连杆式能使车轮绕着与汽车纵轴线成一定角度的轴线内摆动，是横臂式和纵臂式的折中方案，适当地选择摆臂轴线与汽车纵轴线所成的夹角，可不同程度地获得横臂式与纵臂式悬架的优点，能满足不同的使用性能要求。多连杆式独立悬架的主要优点是：车轮跳动时轮距和前束的变化很小，不管汽车是在驱动、制动状态都可以按司机的意图进行平稳的转向。但多连杆式独立悬架结构复杂，制造成本高，一般用于高级轿车。

图 3-51　多连杆式独立悬架

4）空气悬架

空气悬架是指采用空气减振器的悬架，如图 3-52 所示，主要是通过空气泵来调整空气减振器的空气量和压力，进而改变空气减振器的硬度和弹性系数。通过调节泵入的空气量，可以调节空气减振器的行程和长度，可以实现底盘的升高或降低。

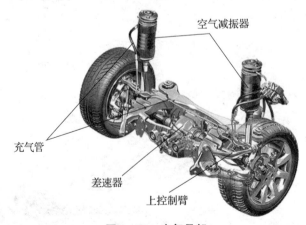

图 3-52　空气悬架

空气悬架相对于传统的钢制悬架来说，具有很多优势。如：车辆高速行驶时，空气悬架可以变硬以提高车身稳定性；而低速或颠簸路面行驶时，空气悬架可以变软来提高舒适性；空气悬架还可以主动调节车身高度。目前只有追求乘坐舒适性的豪华车或者追求通过性的SUV车型才配备或可以选配空气悬架，如奥迪A8L、奔驰ML、特斯拉Model S等。

3.3 转向系

汽车在行驶中，经常需要改变行驶方向，即使在直线行驶时，转向轮也会受到路面侧向干扰力的作用，自动偏转而改变行驶方向。此时，驾驶员需利用一套机构使转向轮向相反方向偏转，从而使汽车恢复原来的行驶方向。这一套用来改变或恢复汽车行驶方向的专设机构即称为汽车转向系。

转向系的功用：保证汽车按照驾驶员的需要改变行驶方向，而且还可以克服路面侧向干扰力使车轮自行产生的转向，恢复汽车原来的行驶方向。

3.3.1 转向系的组成

汽车转向系包括转向操纵机构、转向器和转向传动机构三个基本组成部分，如图3-53所示。

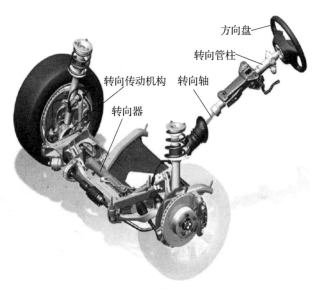

图3-53 转向系结构

1. 转向操纵机构

转向操纵机构由方向盘、转向管柱、转向轴等组成，它的作用是将驾驶员转动方向盘的操纵力传给转向器。

方向盘一般用花键和螺母安装在转向轴的上端，其上装有喇叭等按钮。装有安全气囊的车型，还安装有安全气囊的一些部件。方向盘由轮缘、轮辐和轮毂组成。为了让驾驶员更方便地操作方向盘，现在汽车的方向盘均为多功能方向盘，在方向盘两侧或者下方设置一些功能键，包括音响控制、定速巡航、电话免提等功能，如图3-54所示。

图3-54 多功能方向盘

转向轴从转向管柱中穿过，上部与方向盘固定连接，下部装有转向器。转向管柱安装在车身上，支撑着方向盘。现代汽车的转向轴除装有柔性万向节外，有的还装有能改变方向盘的工作角度（转向轴的传动方向）和高度（转向轴轴向长度）的机构，以方便不同体型驾驶员的操纵。

考虑到汽车发生碰撞时，方向盘会对驾驶员造成危害，大部分轿车上的转向轴为可溃缩式转向轴。当车辆发生碰撞时，转向轴可按预先设计而溃缩变形，从而减小转向轴对驾驶员的冲击，如图3-55所示。

2. 转向器

转向器是转向系中的减速增扭传动装置，其功用是增大方向盘传到转向节的力并改变力的传递方向。目前应用较广泛的有齿轮齿条式转向器，如图3-56所示。

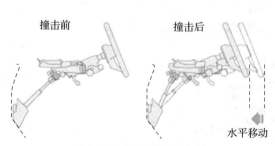

图3-55 可溃缩式转向轴

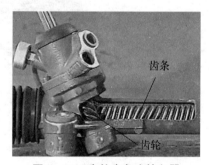

图3-56 齿轮齿条式转向器

目前大多数车型都采用整体式动力转向系统。它是将动力缸、控制阀和机械转向器三者组装在一个壳体内，这种三合一的部件称为整体式动力转向器。图3-57为轿车常用的齿轮齿条式整体动力转向器。活塞安装在转向齿条上，转向齿条的壳体相当于动力缸，齿条活塞是齿条的一部分，齿条活塞两边的齿条套管被密封形成两个油液腔，连接左、右转向回路。控制阀安装在转向齿轮壳体内。转动方向盘时，旋转阀改变油液流向，在转向齿条两端形成压力差，使得齿条向压力低的方向移动。齿条相当于动力缸的推杆，从而减轻驾驶员加在方向盘上的力。

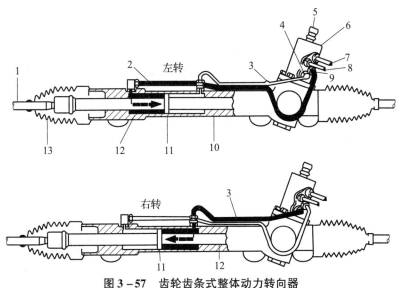

图 3-57 齿轮齿条式整体动力转向器

1—横拉杆；2—左转进油管；3—右转进油管；4—右转进油口；5—转向输入轴；
6—旋转式控制阀；7—出油口；8—进油口；9—左转进油口；10—套管；
11—活塞；12—转向齿条；13—波纹管

3. 转向传动机构

转向传动机构的功用是将转向器输出的力和运动传到转向节，使两侧转向轮偏转，且使两转向轮偏转角按一定关系变化，以保证汽车转向时车轮与地面的相对滑动尽可能小。转向传动机构主要由转向横拉杆、转向节臂（梯形臂）等组成，如图 3-58 所示。当汽车转向时，转向器中的齿条横向移动，使左、右横拉杆随之移动，横拉杆再通过球头铰接带动左、右转向节臂及转向节绕主销轴线转动，从而使转向轮偏转一定的角度。

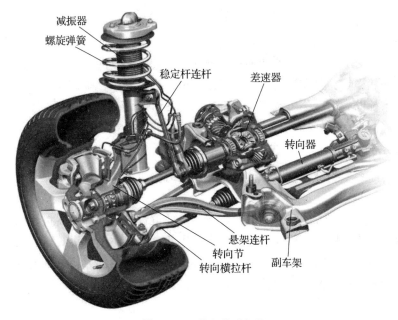

图 3-58 转向传动机构

3.3.2 转向系的分类

现在广泛应用的是带转向助力装置的转向系。转向助力使得驾驶更加轻松、敏捷，提高了驾驶安全性。按动力来源不同转向系可分为机械液压助力转向系和电动助力转向系两种。

1. 机械液压助力转向系

机械液压助力转向系主要包括齿轮齿条转向机构和液压系统（转向助力泵、储油罐、液压缸、活塞等）两部分，如图 3-59 所示。工作原理是转向助力泵（由发动机皮带驱动）提供油压推动液压缸内的活塞移动，进而产生辅助力推动转向横拉杆，辅助车轮转向。

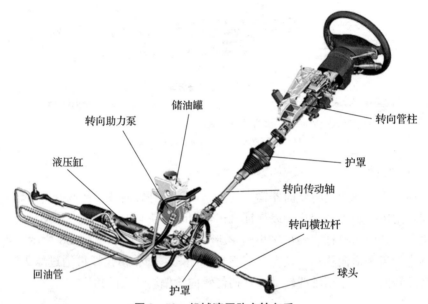

图 3-59 机械液压助力转向系

在机械液压助力转向系中，当车轮剧烈跳动或遇到坑洼路面导致轮胎出现非自主的转向时，能够通过液压对活塞的作用缓冲和吸收振动，使传递到方向盘上的振动大大减少。机械液压助力技术成熟稳定，可靠性高，应用广泛，但结构较复杂，维护成本较高，而且单纯的机械液压助力系统助力力度不可调节，很难兼顾低速和高速行驶时对转向精度的不同需求。目前，只在售价 10 万元以内的部分国产车型上应用机械液压助力转向系。

2. 电动助力转向系

电动助力转向系主要由传感器、控制单元和助力电机构成，结构非常简单，如图 3-60 所示。

主要工作原理是：在方向盘转动时，位于转向柱位置的转矩传感器将转动信号传到控制器，控制器通过运算、修正，给助力电机提供适当的电压，驱动电机转动。电机输出的扭矩经减速机构放大后推动转向横拉杆，从而提供转向助力。电动助力转向系可以根据速度改变助力的大小，让方向盘在低速时更轻盈，在高速时更稳定。目前，大部分车型采用的是电动助力转向系。

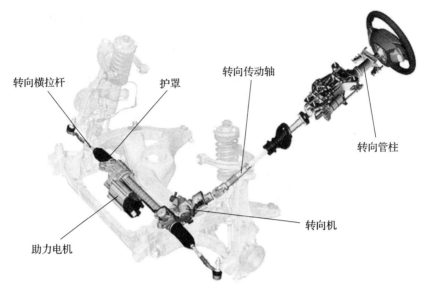

图 3-60 电动助力转向系

3.4 制动系

汽车作为交通运输工具,应在保证安全行驶的前提下,提高平均行驶车速,以提高运输生产率。同时在需要时,应能实现车辆的减速或停车,以及能够使停驶的车辆可靠地驻留原地不动。因此,制动系的功用是根据需要使行驶中的汽车减速甚至停车,使下坡行驶的汽车的速度保持稳定,以及使已停驶的汽车保持不动。

3.4.1 制动系的分类

一般汽车应包括两套独立的制动系:行车制动系和驻车制动系。行车制动系是由驾驶员用脚来操纵的,故又称脚制动系。它的功用是使正在行驶中的汽车减速或在最短的距离内停车。驻车制动系是由驾驶员用手来操纵的,故又称手制动系。它的功用是使已经停在各种路面上的汽车驻留原地不动。但是,在紧急情况下,两套制动系统可同时使用,以增加汽车的制动效果。制动系结构如图 3-61 所示。

3.4.2 制动系的工作原理

图 3-62 是一种简单的液压制动系的工作原理示意图。它由制动器、操纵机构和液压传动机构组成。

制动器的旋转部分制动鼓随车轮一起旋转,固定部分制动蹄固定在制动底板上。

制动系不工作时,制动鼓的内圆面与制动蹄摩擦片的外圆面之间保留有一定间隙,使制动鼓可以随车轮自由旋转。

制动时,踩下制动踏板,推杆推动主缸活塞使主缸中的油液以一定压力通过油管流入制动轮缸,轮缸活塞使两制动蹄的上端向外张开,从而使摩擦片压紧在制动鼓的内圆面上。

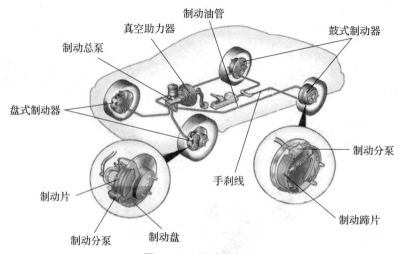

图 3-61 制动系结构

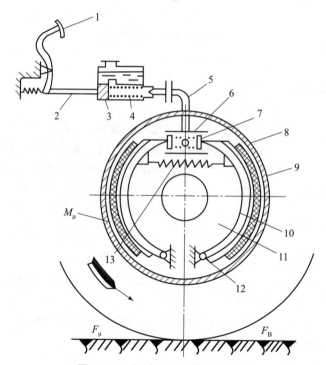

图 3-62 制动系工作原理示意图

1—制动踏板；2—推杆；3—主缸活塞；4—制动主缸；5—油管；6—制动轮缸；
7—轮缸活塞；8—制动鼓；9—摩擦片；10—制动蹄；11—制动底板；
12—支承销；13—制动蹄回位弹簧

这样，不旋转的制动蹄就对旋转着的制动鼓产生一个与车轮旋转方向相反的摩擦力矩 M_μ。制动鼓将该力矩 M_μ 传到车轮后，由于车轮与路面间的附着作用，车轮即对路面作用一个向前的周缘力 F_μ，与此同时，路面给车轮一个向后的反作用力 F_B，即制动力。当松开制动踏板时，制动蹄回位弹簧将制动蹄拉回原位，摩擦力矩 M_μ 和制动力 F_B 消失，制动作用解除。

制动时车轮上的制动力 F_B 不仅取决于制动力矩 M_μ，还取决于轮胎与路面间的附着条件。如果完全丧失附着，就不会产生制动效果，即车轮停止了转动而被抱死，汽车仍然向前滑移。不过，在讨论制动系的结构问题时，一般都假设具备良好的附着条件。

3.4.3 制动器

制动器是制动系中用以产生阻止车辆运动或运动趋势的力的部件。目前，一般汽车所使用的制动器的制动力矩都是来源于固定元件和旋转元件工作表面之间的摩擦，即摩擦式制动器。

按照摩擦工作表面的不同分为鼓式制动器和盘式制动器。

1. 鼓式制动器

从图 3-63 鼓式制动器结构可以看出，鼓式制动器的工作环境相对封闭，制动过程产生的热量不易散出，频繁制动影响制动效果，但成本比较低，因此只在一些经济类轿车中使用，主要用于制动载荷比较小的后轮和驻车制动。不过鼓式制动器可提供很高的制动力，广泛应用于重型车上。

图 3-63 鼓式制动器

2. 盘式制动器

盘式制动器摩擦副中的旋转元件是与车轮相连的制动盘，固定元件是制动钳，如图 3-64 所示。与封闭式的鼓式制动器不同，盘式制动器是敞开式的，制动过程中产生的热量可以很快散去，拥有很好的制动效能，在轿车上应用最广泛。

盘式制动器与鼓式制动器相比，其优点是：

①盘式制动器两面传热，圆盘旋转易冷却，不易变形，制动效果好；而鼓式制动器单面传热，内外两面温差较大，导致制动鼓变形，同时，长时间制动后，制动鼓因高温而膨胀，减弱制动效能。

②长时间使用后，制动盘因高温膨胀而使制动作用增强。

③结构简单，维修方便，易实现间隙自动调整。

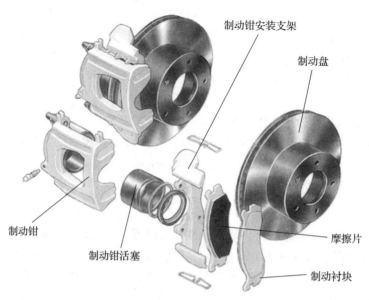

图 3-64 盘式制动器

不足之处是：

①盘式制动块直接压在圆盘上，无自动摩擦增力作用，所以在此系统中须另行装设动力辅助装置。

②兼用驻车制动时，加装的驻车制动传动装置较鼓式制动器的复杂。

3.4.4 制动传动装置

在制动传动装置中，传力介质是制动油液，利用制动油液将驾驶员作用于制动踏板上的力转换为油液压力，通过管路传至车轮制动器，再将油液压力转换为使制动蹄张开或制动钳夹紧的机械推力。

液压式制动传动装置在轿车、轻型货车的行车制动系上得到了广泛的应用。主要由推杆、真空助力器、制动主缸、液压管路、制动轮缸等组成（如图 3-61 所示）。通常制动踏板机构和制动主缸安装在车架上，而车轮是通过弹性悬架与车架联系的，主缸与轮缸之间的位置经常变化，所以主缸与轮缸间的连接油管除用金属管（钢管）外，还采用了特制的橡胶制动软管。各液压元件之间及各段油管之间还有各种管接头。制动前，整个液压系统中应充满专门配制的制动液。

3.4.5 驻车制动系

驻车制动系的作用是使汽车可靠地驻留原地，不致滑溜，便于上坡起步。在行车中遇到紧急情况时，可同时使用行车制动系和驻车制动系，使汽车紧急制动。

人们对于驻车制动系的第一反应便是手刹，实际上随着电子设备应用的不断增多，驻车制动系的种类也逐渐丰富，常见的有机械式手刹和电子手刹两种。

1. 机械式手刹

比较常见的机械式手刹是通过电机带动手刹拉线，从而带动制动钳完成制动动作，如图

3-65（a）所示。有些轿车的后轮制动器采用盘鼓结合式，行车制动用盘式制动器，而驻车制动用鼓式制动器，如图3-65（b）所示。

图3-65　机械式手刹

（a）盘式制动器；（b）盘鼓结合式制动器

手刹拉杆一般布置在换挡杆附近，还有部分汽车将驻车制动踏板布置在行车制动踏板左侧，如图3-66所示，但在原理上与传统机械式手刹是一样的。

2. 电子手刹

随着人们对车内空间要求的不断增加，越来越多的车型开始配置电子手刹，如图3-67所示。电子手刹是将行车过程中的临时性制动和停车后的长时性制动功能整合在一起，并且由电子控制

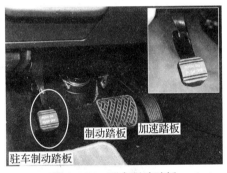

图3-66　驻车制动踏板

方式实现停车制动的技术。电子手刹从结构上也分为两种：一种与机械式手刹相同，均是通过制动钳与制动盘产生的摩擦力来达到停车制动的效果，只不过控制方式从机械式手刹拉杆变成了电子按键；另一种则是真正意义上的电子手刹，通过电子机械卡钳压紧制动器完成驻车操作，如图3-68所示，这种电子手刹具有拓展性强的优势。

图3-67　电子手刹按键

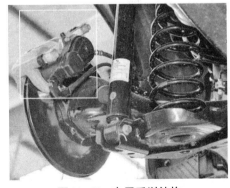

图3-68　电子手刹结构

3.4.6 防抱死制动系统

防抱死制动系统（Anti-lock Braking System，缩写为 ABS）是汽车的一种主动安全装置，其作用是在汽车制动时，防止车轮抱死拖滑，以提高汽车制动过程中的方向稳定性、转向控制能力和缩短制动距离，使汽车制动更为安全有效。目前，ABS 的普及度较高。

ABS 由液压制动系统、轮速传感器、制动压力调节器、ECU 等部件组成，如图 3-69 所示。制动时，ECU 从轮速传感器上获取车轮的转速信息，经分析处理后判断是否有车轮处于即将抱死拖滑状态。如果车轮未处于上述状态，制动压力调节器不工作，制动系统按照普通制动过程工作。制动轮缸的压力继续增大，此即系统的增压过程。如果 ECU 判断出某一车轮即将抱死拖滑，即刻向制动压力调节器发出命令关闭制动主缸及相关轮缸的通道，使得该轮缸的压力不再增加，此即 ABS 系统的保压状态。若 ECU 判断出该车轮仍将要处于抱死拖滑状态，它将向制动压力调节器发出命令，打开该轮缸与储液室的通道，使得该轮缸的油压降低，即 ABS 系统的减压状态。装配 ABS 制动系统的制动就是在高频地进行增压、保压和减压的往复过程中完成的。

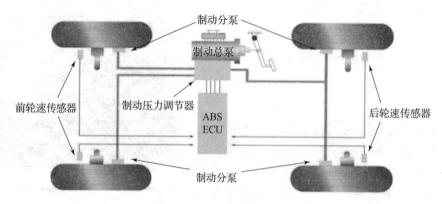

图 3-69　ABS 系统的组成

3.4.7 电子车身稳定系统

电子车身稳定系统（Electronic Stability Program，缩写为 ESP）集合了 ABS、制动力分配系统、牵引力控制系统等几个安全系统的功能，能够对车辆纵向和横向稳定性进行控制，保证车辆按照驾驶员的意识行驶。当车辆出现转向过度或不足、侧滑、甩尾、车身摆时，通过控制四轮的状态，自动修正车辆行驶轨迹，以保持车辆稳定，有效地防止车辆达到其动态极限时失控，提升车辆的安全性和操控性。ESP 的构成如图 3-70 所示。

1. 制动力分配系统

制动力分配（Electronic Brake force Distribution，缩写为 EBD）系统是 ABS 的有效补充，在 ABS 的控制电脑里增加一个控制软件，硬件与 ABS 完全一致，可以提高 ABS 的功效。

当发生紧急制动时，EBD 系统在 ABS 作用之前，可依据车身的重量和路面条件，自动以前轮为基准去比较后轮轮胎的滑动率，如发现此时的差异程度必须要调整时，制动油压调节系统将会调整后轮油压，得到更平衡且更接近理想化的制车力分布。

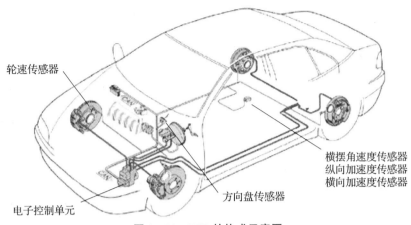

图 3-70 ESP 的构成示意图

2. 牵引力控制系统

牵引力控制系统（Traction Control System，缩写为 TCS）也称为驱动防滑系统（Acceleration Slip Regulation，缩写为 ASR）或驱动力控制系统，作用是通过调节驱动轮的驱动力使车辆在各种行驶状况下都能获得最佳的牵引力，防止汽车在起步、加速过程中驱动轮打滑。

TCS 能防止车辆在湿滑路面上行驶时驱动轮空转，使车辆能平稳地起步、加速。尤其在雪地或泥泞的路面，TCS 能保证流畅的加速性能，防止车辆因驱动轮打滑而发生横移或甩尾，如图 3-71 所示。

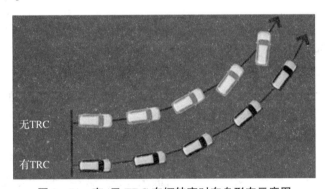

图 3-71 有/无 TRC 车辆转弯时车身形态示意图

3.4.8 新能源汽车制动系统

车辆减速制动的过程，实际是将车辆的动能转化为制动摩擦片的磨损和轮胎与地面的磨损产生的热能。通常这部分热能被排到大气中，造成能量的浪费。

在新能源汽车上开发了制动能量回收系统，也称再生能量制动（简称再生制动），是指在车辆减速制动（刹车或下坡）时将车辆的部分动能转化为电能，转化的电能储存在储存装置中，如各种蓄电池、超级电容和超高速飞轮，最终增加电动汽车的行驶里程。如果储能器已经被完全充满，再生制动就不能实现，所需的制动力就只能由常规的液压制动系统提供。

所以，新能源汽车制动系统是由常规的液压制动系统和再生制动系统组成的再生－液压混合制动系统，是新能源汽车所独有的。

1. 再生－液压混合制动工作过程

一般而言，当电动汽车减速、放松加速踏板巡航或踩下制动踏板停车时，再生制动系统启动。正常减速时，再生制动的力矩通常保持在最大负荷状态；电动汽车高速巡航时，其驱动电动机一般是在恒功率状态下运行，驱动力矩与驱动电动机的转速或者车辆速度成反比，因此，恒功率下驱动电动机的转速越高，再生制动的能力就越低。另外，当踩下制动踏板时，驱动电动机通常运行在低速状态。由于在低速时，电动汽车的动能不足以为驱动电动机提供能量来产生最大的力矩，因而再生制动能力也就会随着车速降低而减小。

再生制动和液压制动之间的协调是关键。为了使驾驶员在制动时有一种平顺感，液压制动力矩应该可以根据再生制动力矩的变化进行控制，最终使驾驶员获得所希望的总制动力矩。同时，液压制动的控制不应引起制动踏板的冲击，因此不会给驾驶员一种不正常的感觉。

ESP 模块驱动油泵，控制液压制动和制动助力的真空源，ABS 与整车控制器通信控制再生制动的强度。液压制动力矩是电控的，将产生的液压传至制动轮缸上，因而再生－液压制动系统需要有避免制动失效的机构。为了提高系统的可靠性，满足安全标准，系统通常采用双管路制动，当其中一条管路失效时，另一条管路必须能提供足够的制动力。

2. 再生－液压制动系统工作原理

为了使车辆能够稳定地制动，前后车轮上的制动力必须很好地平衡分配。另外，为了防止汽车发生滑移，加在前后轮上的最大制动力应该低于允许的最大值（主要由滚动阻力系数决定）。

为了实现上述要求，再生－液压混合制动系统的基本结构如图 3－72 所示。驾驶员踩下制动踏板后，电泵使制动液增压产生所需的制动力。制动控制和电动机控制协同工作，确定电动汽车上的再生制动力矩与前后轮上的液压制动力。再生制动时，再生制动控制回收再生制动能量，并且反充到蓄电池中。电动汽车上的 ABS 及其制动比例控制阀（可由 ABS 的扩展功能 EBD 系统代替）的作用和燃油车上的相同，其作用是产生最大的制动力。电泵能够利用现有汽车中 ESP 的电动供能泵作为压力源。

制动控制：如前所述，电动汽车上的总制动力矩是再生制动力矩与液压制动力矩之和。它们之间的分配比例关系如图 3－73 所示，目的是保持最大再生制动力矩的同时为驾驶员提供与燃油车相同的制动感。当制动踏板力较小时，只有再生制动力矩施加在驱动轮上，并且与制动踏板力成正比；而非驱动轮上的制动力由液压制动提供，液压制动力也与制动踏板力成正比。当制动踏板力超过一定值时，最大再生制动力矩全部加在驱动轮上，同时液压制动力矩也作用在驱动轮上以获得所需的制动力矩，因而最大再生制动力矩可以保持不变，以便能够完全回收车辆的动能。

制动系统因制动造成的管路压力越高（或制动踏板踏下深度越深），说明驾驶员判断需要的总制动力矩越大，非驱动轮的制动力矩一直在增加，驱动轮的制动力矩也在增加。但液压制动力矩增加得多，再生制动转矩不增加，甚至还可能减小，这就要求再生制动和 ABS 要协调工作。ABS 根据车速和压力传感器（也可是制动踏板行程开关）采集的制动状态信号，算出减速度值，并与设定的减速度值进行比较，从而对车辆进行控制。

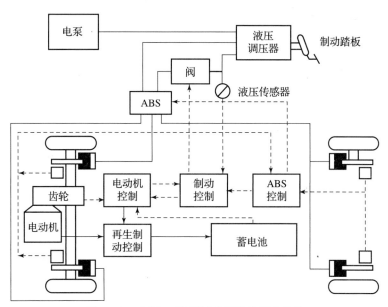

图 3-72 再生-液压制动系统的基本结构

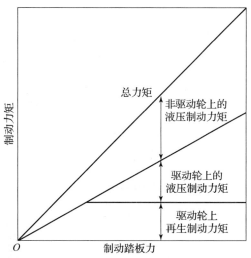

图 3-73 再生制动力矩与液压制动力矩的分配

案例研学

1. 小张最近想购买一辆轿车,分别看了大众高尔夫 2021 款 200TSI DSGPro 版和红旗 H5 2020 款 1.8T 自动智联旗享版。请查阅资料,给小张提供参考意见。

(1) 对比两款车搭配的变速器,请点评两款变速器的优缺点。

(2) 对比两款车的前、后悬架,请点评各悬架特点。

（3）对两款车标配轮胎的标号进行解读。

高尔夫：

红旗 H5：

2. 小李刚把旧的五菱宏光卖掉，想换一辆奇瑞瑞虎 3，请对比五菱宏光和奇瑞瑞虎 3 的制动系统，说出它们的区别。

网络助学

请扫描下方二维码观看视频，辅助学习离合器工作原理、手动变速器工作原理、自动变速器工作原理、驱动桥的组成及工作原理、车身的结构、悬架的组成及工作原理、车轮总成的结构、转向系的组成及工作原理、制动系的组成及工作原理等内容。

网络助学

课外拓学

请扫描下方二维码观看视频，了解新能源汽车的传动系统、行驶系的新技术、转向系的新技术、制动系的新技术等内容。

课外拓学

实 践 操 作

【汽车底盘结构认知实训任务单】

实训准备：实训用车1辆。

实训目的：
1. 能够按照汽车底盘各系统的分类方式准确判断实训车辆的类型；
2. 能够说出汽车底盘各部件的结构及工作原理。

实训实施：
1. 观察实训车辆，补充以下信息。
- 实训车辆是：□手动挡车辆　□自动挡车辆
- 实训车辆的前悬架类型是：＿＿＿＿＿＿＿＿＿
  实训车辆的后悬架类型是：＿＿＿＿＿＿＿＿＿
- 实训车辆的转向助力系统类型是：□液压助力　□电子助力
- 实训车辆的制动系统的制动器类型是：□前后盘式　□前盘后鼓式　□前后鼓式

2. 请在下方横线处写出各部件名称。

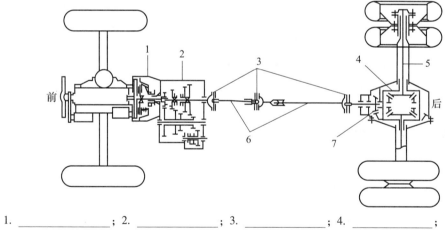

1. ＿＿＿＿＿＿＿；2. ＿＿＿＿＿＿＿；3. ＿＿＿＿＿＿＿；4. ＿＿＿＿＿＿＿；
5. ＿＿＿＿＿＿＿；6. ＿＿＿＿＿＿＿；7. ＿＿＿＿＿＿＿

3. 请在下图中标出各踏板名称，并简述哪些情况下使用离合器踏板。

续表

4. 请在表格中标注出下图中液压离合器操纵装置的主要部件名称。

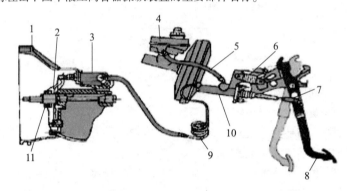

序号	名称	序号	名称
1		7	
2		8	
3		9	
4		10	
5		11	
6			

5. 请自学后在表格中标注下图中悬架的主要部件名称。

续表

序号	名称	序号	名称
1		4	
2		5	
3			

6. 请查看实训室车辆的轮胎，将下面内容填充完整。

轮胎品牌：＿＿＿＿＿＿＿＿＿＿＿＿＿＿＿＿

轮胎型号：＿＿＿＿＿＿＿＿＿＿＿＿＿＿＿＿

轮胎型号解读：＿＿＿＿＿＿＿＿＿＿＿＿＿＿＿＿＿＿＿＿＿＿＿＿＿＿＿＿＿＿

7. 请在表格中标注下图中电动助力转向系的主要部件名称。

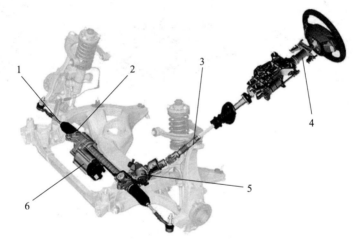

序号	名称	序号	名称
1		4	
2		5	
3		6	

续表

8. 请在下方的方框内写出各总成的名称。

 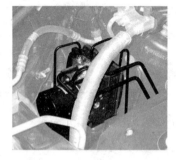 

实训成绩：
教师签名：

任务总结

【思维导图】

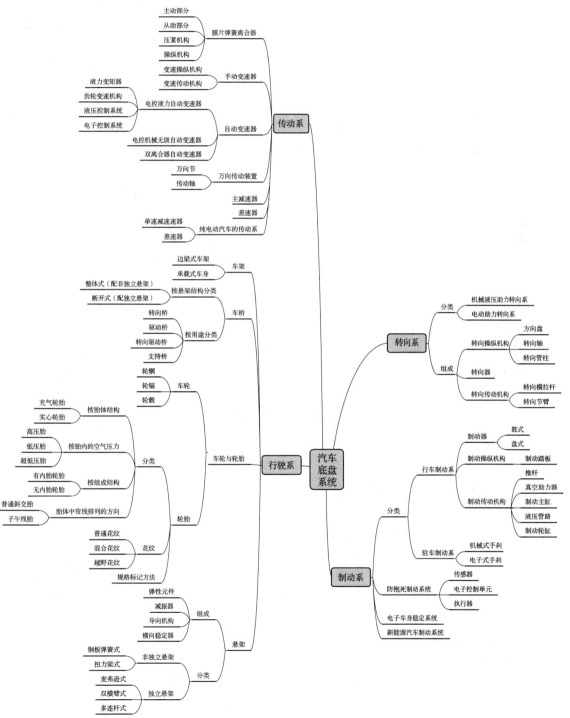

任务四

汽车电气系统认知

小张下班后忘记关闭汽车前照灯就离车回家。第二天早上汽车无法起动,这可能与未关前照灯有关吗?

知识目标:
1. 掌握汽车电路的特点;
2. 了解汽车电气基础元件有关知识;
3. 了解电动汽车电气系统的特点。

技能目标:
1. 能够指出实车上汽车电气系统各组成部分;
2. 能够指出汽车电气系统的基础元件。

理论学习

❋ 4.1 汽车电气系统简介

汽车电气系统是汽车的重要组成部分,其性能的好坏直接影响到汽车的动力性、经济性、可靠性、安全性、排气净化及舒适性。

汽车电气化程度成为衡量汽车技术水平和先进性的重要标志。汽车电气产品日趋丰富,其价值占汽车总价值的比例可达20%。随着集成控制技术、计算机技术和网络技术的发展,汽车电气技术已明显向集成化、智能化和网络化三个主要方向发展。

现代汽车所装备的电气系统,按其用途可大致分为下面三部分:

1. 电源系统

电源系统包括蓄电池、发电机,功能主要是发电、储电、供电。

2. 用电系统

汽车上用电系统主要由以下几个系统组成:

(1) 起动系统

起动系统包括起动机、起动继电器、起动开关等，用于起动发动机。

(2) 点火系统

点火系统包括点火开关、点火线圈、火花塞、高压线等，用于产生电火花，点燃发动机气缸内的可燃混合气。

(3) 照明与信号系统

照明装置包括车内、外各种照明装置，提供车辆夜间安全行驶、工作所需的照明。

信号系统包括声音信号、灯光信号，提供安全行车所必需的信号。

(4) 仪表与警报系统

仪表系统包括发动机转速表、车速表、里程表、燃油表、机油压力表、冷却液温度表，用来指示发动机及车辆运行状态。

警报系统包括各种警报灯和蜂鸣器，例如 ABS 警报灯、SRS 警报灯，用于监控和故障诊断。

(5) 辅助电气系统

辅助电气系统包括电动风扇、车窗清洁装置（刮水器、洗涤器、除霜装置）、电动车窗、电动座椅、电动后视镜、汽车防盗装置、汽车空调、汽车音像系统等。辅助电气设备有日益增多的趋势，主要向舒适、娱乐、保障安全等方面发展。

(6) 电子控制系统

电子控制系统指利用微机集中控制各个系统（如电控燃油喷射系统、电控点火系统、电控自动变速系统、制动防抱死系统、电控悬架系统、自动巡航系统、安全气囊等），使汽车上的各个系统均处于最佳工作状态，达到提高汽车动力性、经济性、安全性、舒适性，降低汽车污染排放的目的。

3. 配电系统

配电系统包括中央接线盒、保险装置、继电器、电线束及插接器、开关等，使全车电路构成一个统一的整体，并保证线路工作的可靠性和安全性。

❄ 4.2 汽车电气系统的基础元件

汽车电气系统的基础元件主要是指导线、熔断器、插接器、各种开关和继电器等，它们是汽车电路的基本组成部分。

1. 导线（及线束）

(1) 导线

汽车导线是将汽车用电器与开关或控制部件、电源、搭铁连接在一起的装置，也是汽车控制和传递信号的枢纽。

为了便于汽车电路系统的连接和维修，汽车导线使用颜色进行区分，如图 4-1 所示。一般有单色导线和双色导线，部分车型还有三色导线。各国汽车厂商在电路图上大多以英文字母来标识导线外皮的颜色及其条纹的颜色，标识规则依厂家而定。

图 4-1 汽车导线

(2) 线束

为使全车线路规整、安装方便、保证导线绝缘、避免水和油的侵蚀及磨损，除高压线、蓄电池电缆和起动机电缆外，一般将走向相近的同区域不同规格的导线用绝缘材料（如薄聚氯乙烯）缠绕包扎成束，称为线束。图 4-2 为线束在汽车上的使用。

图 4-2 汽车线束

线束一般由电线、端子、插接器、保护套以及各种附件组成。现在普遍采用分段式线束，这种线束易于更换且成本较低。

线束设计制造好后，用卡簧或绊钉固定在车上的既定位置，其插头恰好在各电器设备接线柱附近位置，安装时按线号装在其对应的接线柱上。

通常将整车线束分为前舱线束总成、发动机线束总成、变速箱线束总成、仪表线束总成、室内线束总成、车门线束总成（四门不同）、顶棚线束总成、后行李箱线束总成、电瓶正负极线束总成、安全气囊线束总成等。线束的划分和整车的结构以及装配工艺有很大的关系，为实现结构简单、拆装方便，会在线束中尽量采用模块化设计，减少回路，因此不会拘泥于以上分类。

现代汽车多使用总线技术，可实现各控制单元之间的信息共享和整车的综合控制，实现更丰富的车身功能。还能大大减少汽车上导线的使用，同时也简化了整车的线束布线。

汽车总线技术是一种能有效支持分布式控制和实时控制的串行通信网络。它将各个单一的控制单元以某种形式（多为星形）连接起来，形成一个完整的系统。

车用总线主要有 CAN 总线、LIN 总线、FlexRay 总线和 MOST 总线，其中 CAN 总线技术最为普及。

2. 熔断器

熔断器也被称为保险，在电路中起保护作用。当电路中流过超过规定的电流时，熔断器的熔丝自身发热而熔断，切断电路，防止烧坏电路连接导线和用电设备，并把故障限制在最小范围内。

一般车用熔断器采用插片式设计。按尺寸分为超小号、小号、中号、大号；也按其额定电流区分型号，常用型号在5A~30A，标注于熔断器顶部，其额定电流与塑料壳体颜色对应，即使因熔断损坏看不清额定电流，也可根据颜色进行区分。目前国际通用标准为：2A灰色、3A紫色、4A粉色、5A橘黄色、7.5A咖啡色、10A红色、15A蓝色、20A黄色、25A透明无色、30A绿色和40A深橘色。如图4-3（a）所示。

通常情况下，将很多熔断器组合在一起安装在熔断器盒内，如图4-3（b）所示。在熔断器盒盖上注明各熔断器的名称、额定容量和位置。

(a) （b）

图4-3 汽车熔断器

(a) 片式熔断器；(b) 汽车熔断器盒

一般汽车上有两个熔断器盒，一个位于方向盘左侧或手套箱内，负责车内电器（如车窗升降、点烟器、电动座椅和安全气囊等电路）的安全保护；另一个位于发动机舱内部，负责车辆外部电器（如车灯、喇叭、行车电脑、空调压缩机、玻璃水电机等）电路的安全保护。

3. 插接器

插接器就是通常说的插头和插座，用于线束与线束或导线与导线间的相互连接。为了防止插接器在汽车行驶中脱开，所有的插接器均采用闭锁装置。

插接器的符号和实物对照如图4-4所示。

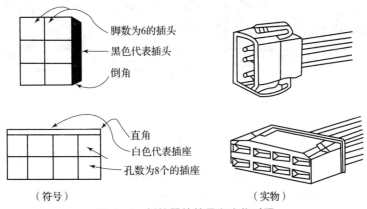

（符号） （实物）

图4-4 插接器的符号和实物对照

插接器接合时,应把插接器的导向槽重叠在一起,使插头和插孔对准,然后平行插入即可牢固连接。插接器连接后,其导线的连接,如图4-5所示。例如,A线的插孔①与a线的插头①'是相配合的,其余依此类推。

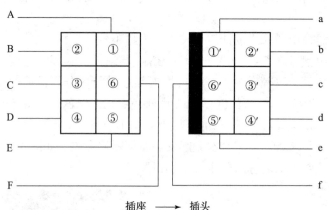

图4-5 插接器的连接方法

要拆开插接器时,首先要解除闭锁,然后把插接器拉开,不允许在未解除闭锁的情况下用力拉导线,这样会损坏闭锁装置或导线。

4. 开关

汽车上所有用电设备的接通和停止,都必须经过开关控制。对开关的要求是坚固耐用、安全可靠、操作方便、性能稳定。

与普通电器开关相比,汽车电器开关在外形设计上更注重安全性,例如将按钮设计成圆角、板柄长度尽可能缩短、开关固定嵌入面板内部等。

根据工作方式,开关分为瞬时、短时和连续运行三种。

根据机械结构,开关主要有推拉式、旋转式、顶杆式、烧板式、按钮式、板柄式、电子型七种。其中电子型开关利用电子元件来控制电路,该类开关无触点,可避免触电烧蚀,在汽车领域逐渐得到普及应用,如电子调光开关。

图4-6为几种典型开关。

图4-6 几种典型开关
(a) 灯光控制开关;(b) 点火开关;(c) 电动车窗开关

5. 继电器

一般情况下,汽车上操纵开关的触点所允许通过的电流较小,不能直接控制工作电流较大的用电设备。因此使用继电器来控制电路的接通与断开,以小电流控制大电流,可以减小控制开关的电流负荷,保护电路中的控制开关。如空调继电器、喇叭继电器、雾灯继电器、风窗刮水器/清洗器继电器、危险报警与转向闪光继电器等，都安装在中央接线盒中。继电器的每个插脚都有标号，与中央接线盒中继电器插座的插孔标号相对应。

常开继电器平时触点是断开的，继电器线圈通电后触点才接通；常闭继电器平时触点是闭合的，继电器线圈通电后触点断开。如图 4-7 所示。常开、常闭混合型继电器平时常开触点断开，常闭触点接通，如果继电器线圈通电，则变成相反状态。

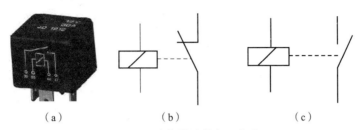

图 4-7　继电器及其表示方法
（a）继电器实物图；（b）常闭继电器符号；（c）常开继电器符号

4.3　汽车电路的特点

汽车电路的特点可归纳为以下几点。

1. 单线制

将汽车金属车体作为各种用电设备和电源系统某一极之间的共用连线（简称搭铁），每个用电设备到电源系统另一极只需另设一根导线，便可构成回路。此种接线制度称为单线制。

采用单线制不仅可以节省导线，简化电路，而且便于安装和检修，降低故障率。

2. 负极搭铁

采用单线制时，若电源系统的负极连接到金属车体上，称为负极搭铁。

采用负极搭铁，对车架和车身金属的化学腐蚀较轻，对无线电干扰小。我国标准中规定汽车电器必须采用负极搭铁。目前世界各国车企大多采用负极搭铁方式。

3. 低压

直流电 60 V 以下称为低压。目前汽车普遍使用额定电压为 12 V、24 V 的电气系统。汽油车普遍采用 12 V 电源，柴油车多采用 24 V 电源（由两个 12 V 蓄电池串联而成）。汽车运行中的电压，12 V 电源系统为 14 V 左右，24 V 系统为 28 V 左右。

一些使用启停功能的汽车，在保留之前 12 V 电压系统的基础上，增加了一套 48 V 系统，如全新一代奥迪 A8 车型，以此来达到节省能耗和提升动力的目的。

对于电动汽车，虽然其动力电池组电压为高压（多为 300 V 以上），但其辅助蓄电池和车身辅助电气系统仍为 12 V 低压系统。

4. 直流

现代汽车发动机是靠电力起动机起动的，起动机由蓄电池供给电，而向蓄电池充电又必须用直流电源，所以汽车电气系统为直流系统。

5. 并联连接

汽车上的两个电源（蓄电池与发电机）之间以及所有用电设备之间，都是正极接正极，负极接负极，并联连接。

由于采用并联连接，所以汽车在使用中，当某一支路用电设备损坏时，并不影响其他支路用电设备的正常工作。

6. 设有保险装置

为了防止因短路或搭铁而烧坏线束，电路中一般设有保护装置，如熔断器、易熔线等。

4.4 电动汽车电气系统

1. 电动汽车的电源系统

在汽车电气方面，电动汽车与燃油汽车最大的区别在于电源系统。

电动汽车电源系统主要包括动力电池、电池管理系统、车载充电机及辅助蓄电池等。

动力电池是电动汽车的动力源，是能量的存储装置，目前的纯电动汽车以锂离子蓄电池为主。

电池管理系统实时监控动力电池的工作状态，并按动力电池对环境温度的要求进行调温控制，通过限流控制避免动力蓄电池过充、过放电，对有关参数进行显示和报警，并在组合仪表上显示相关信息，以便驾驶员随时掌握车辆信息。

车载充电机把电网供电制式转换为对动力电池充电要求的制式，即把交流电（220 V 或 380 V）转换为相应电压的直流电，并控制其充电电流。

辅助蓄电池，与燃油汽车的蓄电池无异，多为 12 V 的铅酸蓄电池。

2. DC/DC 转换器的功能

DC（Direct Current）/DC 转换器是直流/直流转换器的缩写，应用于以下三个方面：

（1）高压转低压

把动力电池的高电压降为辅助蓄电池和用电器所需的低电压，保证汽车电气系统的稳定工作。

（2）高压再升压

将动力电池高压再次升高来驱动电动机，可提高系统的工作效率。

（3）低压转高压

在动力电池的容量不足以驱动电动机时，将辅助蓄电池电压升高以驱动电动机，让汽车能开离路面，防止交通阻塞。

案例研学

小张发现他的汽车电喇叭不响，于是求助于你。

1. 请分析汽车电喇叭属于汽车电气的哪个子系统？

2. 汽车电喇叭线路中可能存在哪些电气元件？

3. 如果故障原因是电路中的继电器损坏，请说出：如何找到电喇叭电路中的继电器？如何更换？

4. 如果故障原因是电路中的保险损坏，请说出：如何找到电喇叭电路中的保险？如何更换？

网络助学

请扫描下方二维码观看视频，辅助学习汽车蓄电池的基本知识、汽车保险丝相关知识、汽车继电器原理。

网络助学

课外拓学

请扫描下方二维码阅读资料，了解电池技术的发展、常见的汽车线束插接器、蓄电池保养和使用常识、汽车线束的发展趋势。

课外拓学

实践操作

【汽车电气系统认知实训任务单】

实训准备：实训用车1辆

实训目的：
1. 能够指出实车上汽车电气系统各组成部分；
2. 能够指出汽车电气系统的基础元件。

实训实施：
1. 观察实训车辆，写出汽车电气系统分系统的组成。
➢ 电源系统：＿＿＿＿＿＿＿＿＿＿＿＿＿＿＿＿＿＿＿＿＿＿＿＿＿
➢ 用电系统：＿＿＿＿＿＿＿＿＿＿＿＿＿＿＿＿＿＿＿＿＿＿＿＿＿
➢ 配电系统：＿＿＿＿＿＿＿＿＿＿＿＿＿＿＿＿＿＿＿＿＿＿＿＿＿
2. 结合实训车辆，回答问题（中央接线盒的认知）。

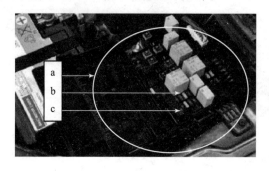 

(1) 填空：a.＿＿＿＿＿＿；b.＿＿＿＿＿＿；c.＿＿＿＿＿＿。
(2) 观察实训车上紫色保险插片，其额定电流为：＿＿＿＿＿＿。
(3) 画出保险在电路中的符号：＿＿＿＿＿＿。
(4) 小组讨论回答：

续表

➢ 保险的工作原理是什么？其作用是什么？

➢ 找出汽车前照灯对应的继电器。

➢ 汽车保险可能安装在哪里？

3. 结合实训车，举例说明汽车电路的特点。

实训成绩：
教师签名：

任 务 总 结

【思维导图】

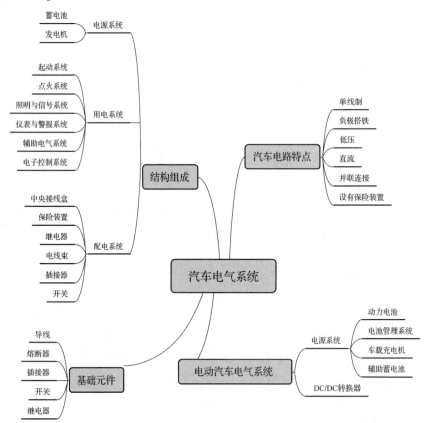

项目一习题

一、填空

1. 汽车的基本组成可分为_____、_____、_____和_____四大部分。
2. FF 是_____布置形式，FR 是_____布置形式，MR 是_____布置形式，4WD 是_____布置形式。
3. 汽车识别码（VIN）表示年份的是第_____位。
4. 发动机的基本组成包括两大机构五大系统，分别是_____、_____、_____、_____、_____、_____和_____。
5. 四行程发动机的工作循环是_____、_____、_____和_____。
6. 上、下止点间所包容的气缸容积称为气缸的_____。
7. 汽车底盘由_____、_____、_____和_____四大系统组成。
8. 膜片弹簧离合器由_____、_____、_____和_____四部分组成。
9. 悬架一般是由_____、_____、_____和_____四部分组成。
10. 汽车电气的基础元件有_____、_____、_____、_____、_____。

11. 汽车常开继电器平时触点是_____的，继电器动作后触点才_____。

12. 汽车电路的特点有_____、_____、_____、_____、_____
和_____。

二、选择

1. 以下属于汽车动力装置的是（   ）。
   A. 发动机　　　　B. 底盘　　　　C. 车身　　　　D. 电气设备
2. 以下不属于汽车底盘的是（   ）。
   A. 传动系　　　　B. 行驶系　　　　C. 起动系　　　　D. 制动系
3. 汽车 VIN 有（   ）位？
   A. 15　　　　　　B. 16　　　　　　C. 17　　　　　　D. 18
4. 以下不属于电控燃油喷射系统的部件是（   ）。
   A. 空气滤清器　　B. 排气管　　　　C. 燃油泵　　　　D. 喷油器
5. 以下不属于机体组的是（   ）。
   A. 气缸体　　　　B. 气门　　　　　C. 气缸盖　　　　D. 油底壳
6. 以下行程产生能量的是（   ）。
   A. 进气　　　　　B. 压缩　　　　　C. 做功　　　　　D. 排气
7. 以下不属于独立悬架的是（   ）。
   A. 双横臂式悬架　　　　　　　　　B. 麦弗逊式悬架
   C. 多连杆式悬架　　　　　　　　　D. 扭力梁式悬架
8. 以下不属于电控液力自动变速器组成的是（   ）。
   A. 液力变矩器　　　　　　　　　　B. 压紧机构
   C. 行星齿轮机构　　　　　　　　　D. 液压控制系统
9. 185/60R1380H 中的 R 表示（   ）。
   A. 高宽比　　　　　　　　　　　　B. 速度级别
   C. 子午线轮胎　　　　　　　　　　D. 负荷指数
10. 一般汽油车用电系统的额定电压为（   ）。
    A. 36 V　　　　　B. 12 V　　　　　C. 220 V　　　　D. 24 V
11. 以下哪项不属于汽车电气系统（   ）？
    A. 蓄电池　　　　B. 电喇叭开关　　C. 仪表　　　　　D. 曲柄
12. 汽车起动系统不包括（   ）。
    A. 起动开关　　　B. 起动继电器　　C. 动机　　　　　D. 起动机判断

三、判断

1. 目前大部分轿车采用的是 FF 布置形式。（   ）
2. 汽车 VIN 第十位是 L，表示年份是 2021 年。（   ）
3. 汽车的驱动力大于所有的阻力就可以行驶。（   ）
4. 活塞环分为气环和油环。（   ）
5. 发动机在压缩行程，进气门关闭，排气门开启。（   ）
6. 汽车的驱动力大于所有的阻力就可以行驶。（   ）
7. 差速器的作用是将输入的转矩增大并相应降低转速。（   ）

8. 目前轿车广泛应用的是承载式车身。( )
9. 盘式制动器比鼓式制动器的散热性好。( )
10. 为保证用电器可正常使用,应选用偏高电流型号的汽车保险丝。( )
11. 采用单线制时,若电源系统的负极连接到金属车体上,称为负极搭铁。( )
12. 汽车上的电器都是并联连接。( )

项目二
汽车的配置和性能

全世界的汽车品牌数以百种，各个品牌旗下的车型众多。每款车都有各自的特点，都有各自的优劣势。随着现代汽车工业科技的发展，越来越多的高科技产品成了车内的配置。这些出现在汽车里的大大小小的配置，为车主们提供了越来越多的人性化服务。一个又一个智能化的配置让人眼花缭乱，新时代的消费者也愈加追求要给爱车安装上这些具有科技感和豪华感的装备。作为汽车从业人员，了解汽车上各种配置的作用，掌握汽车的评判指标，是基本的职业素质。作为汽车爱好者，掌握了汽车各配置功能和性能特点，可以为身边人选购车辆提供专业的建议。

本项目主要介绍汽车常见参数的含义，汽车常见配置的作用，汽车各性能指标的评价标准。通过本项目的学习，应能说出目前汽车常见配置的作用，能够根据各车型的参数评判车辆的各项性能。

任务五

汽车配置解读

小张最近想购买一台新车,但在选购过程中遇到了麻烦,汽车配置单上的各种参数和配置的名词把小张搞得眼花缭乱。不明白参数的意义和配置的作用,也就不知道该如何选择适合自己的车型,这些汽车参数和配置的具体作用和应用场景你又了解多少呢?

知识目标:

1. 掌握汽车基本参数的含义;
2. 掌握汽车常见配置的作用;
3. 了解汽车常见配置的原理。

技能目标:

1. 能够解读汽车商品配置表上各项参数及名称的作用;
2. 能够根据实际情况推荐合适车辆。

理 论 学 习

如今的汽车消费者在购买汽车前,都会在线或到店了解汽车的各项参数和配置。所谓汽车配置是指汽车出厂自带的或者加购的配备设施。不同的参数和配置会影响汽车的使用体验,同时价格也会有所不同。了解各项参数和配置的评价标准及作用是选择和评判汽车的重要依据。

5.1 基本参数

1. 环保标准

汽车排放标准是指对从汽车废气中排出的 CO、HC、NO_x、PM(微粒、碳烟)等有害气体含量的规定。为了抑制这些有害气体的产生,促使汽车生产厂家改进产品以降低这些有害气体的排放,欧洲和美国都制定了相关的汽车排放标准。我国根据国内实际情况,借鉴欧洲标准,建立了中国汽车排放标准。

我国各阶段整车排放标准实施时间如表 5-1 所示。

表 5-1 我国各阶段整车排放标准实施时间

车型		国Ⅳ	国Ⅴ	国Ⅵ
轻型汽油车	第一类	2011 年 7 月 1 日	2017 年 1 月 1 日	2020 年 7 月 1 日
	第二类			
轻型柴油车	第一类	2013 年 7 月 1 日	2018 年 1 月 1 日	
	第二类			
重型汽油车		2013 年 7 月 1 日	—	
重型燃气车		2011 年 1 月 1 日	—	
重型柴油车		2013 年 7 月 1 日	2017 年 7 月 1 日	

我国现阶段大部分汽车执行的是国Ⅴ标准,从 2020 年 7 月 1 日开始,全国推进国Ⅵ标准的实施。

国Ⅵ排放标准,即国家第六阶段机动车污染物排放标准,是指《轻型汽车污染物排放限值及测量方法(中国第六阶段)》(GB 18352.6—2016)中的第六阶段排放控制要求。与国Ⅴ相比,国Ⅵ将更加严格控制污染物的排放,例如要求汽油车的 CO 排放量降低 50%,HC 和非甲烷总烃排放限值下降 50%,NO_x 排放下降 42%。

2. 整车质保期

整车质保就是汽车各种零部件在确认为非人为损坏情况下的品质问题时,免费更换或保修。整车质保期来自厂商对外公布的该车质保周期或公里数。一般来说都是两年/6 万公里,个别厂商会有超越此年份和公里数的质保机制。

整车质保并非真正是指整车任何部件都享受同样的质保服务,而是按部件进行质保。一般来讲,易损坏或者老化的部件如蓄电池、减振器、雨刮、橡胶、音响设备等的质保期要短一些,而不易损坏的部件如发动机等的保修期要长些。还有一些部件有的汽车厂会申明免赔,如轮胎等。不同的部件有不同的质保期,所以整车质保期实际上更准确的表述应该为"整车中质保期限最长的部件"的质保期。动力总成质保是指发动机和变速箱这两个部件出现非人为操作不当导致的质量问题,会得到保修或免费更换。

无论是整车质保还是动力总成质保的前提都是要按保养手册在指定地点(一般是 4S 店)定期保养。

3. 车身尺寸

汽车的车身尺寸对车内空间的影响非常大,同时车身尺寸也是衡量汽车类型等级的重要参数,如图 5-1 所示。

① 车长:是垂直于车辆纵向对称平面并分别抵靠在汽车前、后最外端突出部位的两垂面之间的距离。

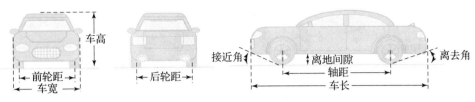

图 5-1 车身尺寸参数

②车宽：是平行于车辆纵向对称平面并分别抵靠车辆两侧固定突出部位的两平面之间的距离。其中，车辆两侧固定突出部位不包含后视镜、侧面标志灯、示宽灯、转向灯、挠性挡泥板、折叠式踏板、防滑链以及与地面接触变形部分等。

③车高：是车辆在没有装载货物或人员时，车辆支承平面与车辆最高突出部位相抵靠的水平面之间的距离，简单地说就是空载时从地面到汽车最高点的距离。

④接近角：是指在汽车满载静止时，汽车前端突出点向前轮所引切线与地面的夹角，前轴前面任何固定在车辆上的刚性部件不得在此平面的下方。

⑤离去角：是指在汽车满载静止时，汽车后端突出点向后轮所引切线与地面的夹角，后轮之后的任何固定在车辆上的刚性部件不得在此平面的下方。

⑥离地间隙：是指地面与车辆底部刚性物体之间的距离。

⑦轮距：是指车轮在车辆支承平面（地面）上留下的轨迹中心线之间的距离。如果车轴两端是双车轮，轮距是双车轮两个中心平面之间的距离。一般来说，轮距越宽，驾驶舒适性越高。

⑧轴距：是指汽车前轴中心到后轴中心的水平距离。轴距是反映车辆内部空间最重要的参数，根据轴距的大小，国际上通常把轿车分为以下几类，如表 5-2 所示。

表 5-2 轿车按轴距分类表

轿车分类	微型车	小型车	紧凑型车	中型车	中大型车	豪华型车
轴距/mm	<2 400	2 400 ~ 2 550	2 550 ~ 2 700	2 700 ~ 2 850	2 850 ~ 3 000	>3 000
车型举例	奔驰 SMART	本田飞度	大众速腾	本田雅阁	奥迪 A6L	奔驰 S 级

4. 发动机参数

（1）最大马力和最大功率

马力是发动机功率单位。最大马力和最大功率表示的是同一个意思，都是指发动机在某一转速所能输出的最大动力，只不过单位不同，马力的单位是 ps（匹），功率的单位是 kW，1 ps 约等于 0.735 kW。最大马力和最大功率与发动机转速有着直接的关系，马力越大、功率越大，发动机的转速越高。最大马力和最大功率影响汽车的最高时速，常用最大马力和最大功率描述发动机的动力性能。

（2）最大功率转速

当油门位置一定时，发动机的输出功率与转速关系很大，随着转速的增加，发动机的功率也相应提高，但是达到一定的转速后，功率反而呈下降趋势。因此，发动机在达到最大功率时对应的转速称为最大功率转速，如图 5-2 所示。一般在汽车使用说明中转速的单位用

r/min 来表示，如最大功率为 100 ps/(5 000 r/min)，即在每分钟 5 000 转时最高输出功率为 100 ps。

（3）最大扭矩

扭矩是指发动机运转时从曲轴端输出的平均力矩，单位是 N·m。扭矩的大小也与发动机转速有直接关系，扭矩越大，发动机输出的"劲"越大，曲轴转速的变化也越快，汽车的爬坡能力、加速性也越好。但是扭矩随发动机转速的变化而不同，转速太高或太低，扭矩都不是最大，只在某个转速区间内才会产生最大扭矩，这个区间就是在标出最大扭矩时给出的转速或转速区间。

（4）最大扭矩转速

最大扭矩一般出现在发动机的中、低转速的范围内，随着转速的提高，扭矩反而会下降。最大扭矩转速单位为 r/min，表示发动机在此转速下出现最大扭矩，如图 5-2 所示。

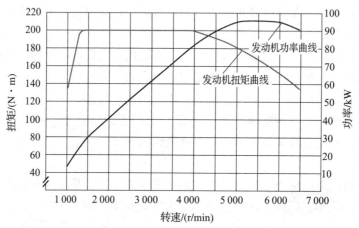

图 5-2 发动机功率和扭矩曲线图

5.2 主/被动安全装置

1. 安全气囊

气囊（Airbag，或称 Supplementary Restraint System，缩写为 SRS）指安装在汽车上的充气软囊，在汽车发生事故时瞬间弹出，避免乘坐人员头部和身体直接撞击到汽车内部，降低人员伤害程度。气囊已被多数国家规定为必备的汽车被动性安全装置之一。

安全气囊的工作过程类似炸弹爆炸的原理，气囊的气体发生器内装有氮化钠（NaN_3）或者硝酸铵（NH_4NO_3）等"炸药"，当接收到引爆信号时，便会瞬间产生大量的气体，填充满整个气囊，如图 5-3 所示。为了避免碰撞不严重但恰好又达到了气囊弹出条件时，气囊对人体的巨大伤害，人们发明了二级气体发生器的安全气囊，这种气囊在一定程度上改善了气囊的保护效果。

（1）主/副驾驶座安全气囊

主/副驾驶座安全气囊，顾名思义属于保护前排乘客的被动安全配置，常被放置在方向盘中央和副驾驶手套箱上方，如图 5-4 所示。

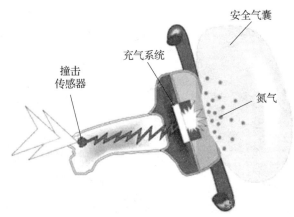

图 5-3 安全气囊工作过程示意图

图 5-4 主/副驾驶座安全气囊和前排侧气囊

（2）前后排侧气囊

侧气囊安装在座椅外侧，目的是减缓侧面撞击造成的伤害。尤其是发生侧向撞击时，能减缓乘客身体靠近车门侧的手臂、肋骨直接与门板硬接触后导致的骨折等身体损伤。侧气囊一般分为前排侧气囊和后排侧气囊。前排侧气囊（Front Side Airbag，缩写为 FSA）一般安装在前排座椅外侧，如图 5-5 所示，后排侧气囊（Rear Side Airbag，缩写为 RSA）一般安装在后排座椅靠近窗户的一侧，后排侧气囊常见于中高端车型。

（3）膝部气囊

膝部气囊（Knee Airbag，缩写为 KAB）是用来降低乘员在二次碰撞中车内饰对乘员膝部的伤害。膝盖部分的气囊位于前排中控台下方，打开时能够有效保护驾乘人员的下肢体部位，能缓解来自正面碰撞的前冲力，如图 5-6 所示。

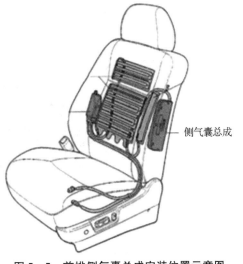

图 5-5 前排侧气囊总成安装位置示意图

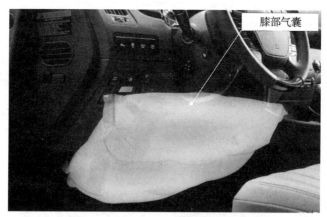

图5-6 膝部气囊

2. 被动行人保护

汽车与行人发生碰撞时,被动行人保护装置通过主被动安全技术、吸能材料、设置缓冲区等,尽可能降低因碰撞对行人造成的伤害。

(1)防护引擎盖

当前保险杠的压力传感器检测到与行人发生碰撞,防护引擎盖在短时间内利用专门的升高机构将发动机舱盖抬起一定高度,使行人的头部或躯干与机舱盖发生撞击时,能够获得更多的缓冲空间,避免与刚性较强的发动机机体发生猛烈的碰撞,如图5-7所示。

(2)车外行人安全气囊

当前保险杠的传感器监测到与行人发生碰撞,发动机舱盖尾部会自动抬起一定高度,同时隐藏在内部的安全气囊释放出来,包裹住可能造成较大伤害的部分:前风挡玻璃和A柱,达到了防护引擎盖与安全气囊协作防护的效果,如图5-8所示。

图5-7 防护引擎盖

图5-8 车外行人安全气囊

3. 安全带未系提醒

当汽车探测到驾乘人员未系安全带时,仪表板上显示灯即时提示;当车速超过一定速度时，转为声音提醒驾驶员和乘客系好安全带，保障行车安全。目前，大部分车辆配有主副驾驶安全带未系提示，部分安全配置高的车型配有全车安全带未系提示。

4. 胎压监测系统

胎压监测是在汽车行驶过程中对轮胎气压进行实时自动监测，并对轮胎漏气和低气压进行报警，以确保行车安全。常见的胎压监测系统有直接式和间接式两种。

（1）直接式胎压监测系统

直接式胎压监测系统（Pressure – Sensor Based TPMS，缩写为PSB）的原理是利用安装在每一个轮胎里的压力传感器来直接测量轮胎的气压，利用无线发射器将压力信息从轮胎内部发送到中央接收器模块系统，然后对各轮胎气压数据进行显示。当轮胎气压太低或漏气时，系统会自动报警。

直接式胎压监测系统的优点是：每一个车轮上都安装有压力传感器和传输器，任何一个轮胎胎压低于驾驶员手册上推荐的冷胎胎压25%时，便会警示驾驶员。其警示信号比较精确，而且如果轮胎被刺破，胎压快速降低时，直接式胎压监测系统也能立即警示。另外即便是车胎慢撒气，直接式胎压监测系统也能通过行车电脑感知到，直接让驾驶员检视目前四个轮胎胎压，从而实时了解四个车轮的真实气压状况。

（2）间接式胎压监测系统

间接式胎压监测系统（Wheel – Speed Based TPMS，简称WSB）的原理是利用ABS系统上的速度传感器来比较四个车轮的转速，当某个轮胎的气压降低时，该轮的滚动半径变小，导致其转速比其他车轮快，这样就可以通过比较车轮之间的转速差，达到监视胎压的目的。

使用间接式胎压监测系统的缺点是：不能具体指示出是哪一个轮胎胎压不足；如果四个轮胎的胎压同时下降，该装置失效；存在误警告的可能，例如当车辆转弯行驶时，外侧轮转速大于内侧轮转速，或者轮胎在沙地或冰雪路面打滑，特定轮胎转数会特别高，导致提示错误胎压警告信号。

5. 儿童座椅接口

儿童安全座椅主要的固定方式分为欧洲标准的ISO FIX固定方式、美国标准的LATCH固定方式和安全带固定方式三种。

（1）欧洲标准的ISO FIX固定方式

ISO FIX（International Standards Organization FIX）是欧洲从1990年开始设计实施的一种针对儿童安全座椅接口的标准。在欧洲地区销售的车型都会将这个接口作为标准配置，在国内也有一部分合资汽车厂家提供这种接口。该配置的特点是具有两个与儿童座椅进行硬连接的固定接口，如图5-9所示。目前国内车企大多采用ISO FIX标准。

（2）美国标准的LATCH固定方式

LATCH是Lower Anchors and Tethers for Children的英文缩写。从2002年9月1日开始，美国规定所有类型的轿车必须提供LATCH的儿童安全座椅固定方式，其接口标识如图5-10所示。它与欧洲标准的ISO FIX固定方式最大的区别是连接方式并不是硬连接而是挂钩连接，并且固定点有三个，比ISO FIX多一个。有LATCH接口的一定也可以装ISO FIX接口的座椅，但是只有ISO FIX接口的就不能使用LATCH接口的儿童安全座椅（因为缺少一个固定点）。

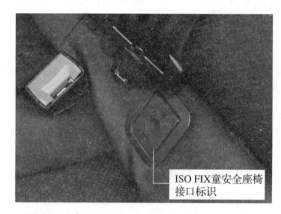

图 5-9 ISO FIX 儿童安全座椅接口

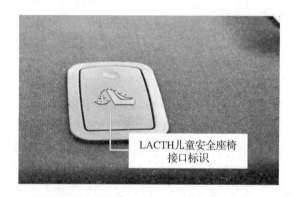

图 5-10 LATCH 儿童安全座椅接口

（3）安全带固定方式

使用安全带来固定儿童安全座椅的优势就是通用，不过这种固定方式容易松动，需要经常检查座椅是否牢固。

6. 电子车身稳定系统

汽车在行驶或制动过程中，需要通过不同的车身稳定辅助系统控制车身姿态，保持车辆稳定。有效地防止汽车达到其动态极限时失控，提升车辆的安全性和操控性。具体功能请参照任务三 3.4.7。

7. 行驶辅助系统

汽车在行驶过程中，经常遇到转弯、并线等问题，稍不注意就可能引发危险。随着技术的发展，出现了一些行驶辅助系统，帮助驾驶员在汽车行驶过程中监控道路和其他车辆情况，保证行车安全。

（1）并线辅助系统

由于车身设计的缘故，后视镜所能提供的视觉范围总会有盲区存在，在行车并线过程中，这些视线盲区带来很大的安全隐患，并线辅助系统能帮助驾驶员监测视线盲区。

并线辅助也可以称为盲区监测（Blind Spot Monitoring，缩写为 BSM，或 Blind Spot Detection，缩写为 BSD），由安装在汽车上的感应器监测一定距离范围内后方同向行驶的不同车道上的车辆。当驾驶员开启转向灯准备并道时，在系统监测范围内出现车辆，系统将自动点亮该方向的车外后视镜上的指示标志以作提醒，如图 5 – 11 所示。

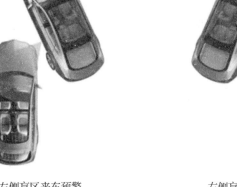

左侧盲区来车预警　　　　　　　　　右侧盲区来车预警

图 5 – 11　并线辅助系统

（2）车道保持辅助系统

车道保持辅助系统（Lane Keeping Assistance Systems，缩写为 LKAS）用于帮助驾驶员使汽车一直保持在所在车道上行驶，不偏离车道。

该系统由摄像头监测车道并形成清晰的图像，如图 5 – 12 所示。计算机通过一定算法判断汽车是否在规定车道内。如果汽车在没有开启转向灯的情况下，偏离（左右偏离）所在车道，系统首先会发出警示音提示。如果驾驶员没有及时纠正方向盘，车道保持辅助系统将通过电子转向系统（EPS）在方向盘上施加力矩，帮助汽车回到正确的车道上。在这个过程中，如果驾驶员打转向灯或者大角度转动方向盘，则系统默认车辆由驾驶员接管而停止干预。

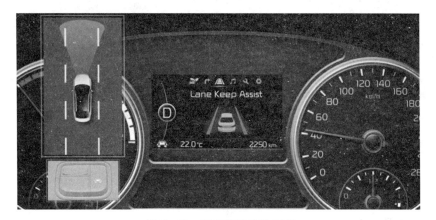

图 5 – 12　车道保持辅助系统

（3）道路交通标识识别系统

道路交通标识识别系统通过安置于汽车前方的摄像头（这里常借助车道保持辅助系统

中的摄像头）检测道路标识（限速、禁止超车），在仪表盘上显示相应内容，提醒驾驶员注意，进而减少违章、提高行车安全性。

（4）汽车主动安全系统

主动安全系统是汽车在非自适应巡航的情况下正常行驶时，如遇到突发危险情况能自身主动产生制动效果让汽车减速，从而提高行车安全性的一种技术。不同车厂有不同的命名，如预防碰撞系统（Pre‐crash System）、前方碰撞预警系统（Forward Collision Warning System）、减少碰撞系统（Collision Mitigating System）、碰撞缓解制动系统（Collision Mitigation Brake System）等。

（5）夜视辅助系统

夜视系统（Night Vision Device，缩写为 NVD）能帮助驾驶员在夜间或弱光线的驾驶过程中获得更高的预见能力，它能够针对潜在危险向驾驶员提供更加全面准确的信息并发出警告，开关按键标识如图 5‐13 所示。其主要的技术形式有三种：主动式红外照射技术、微光夜视技术和红外热成像技术。其中主动式红外照射技术最为常见，该技术不依赖热源，而是通过设备向外发射红外光束，照射目标，并将识别后的数据以图像的形式传递给驾驶员。

图 5‐13　夜视辅助系统开关按键

夜视辅助系统不仅能够提高驾驶安全性，还能够提高汽车的豪华程度。但由于成本等原因，目前国内外各大车厂只是在其顶级豪华车型中使用了夜视辅助系统，如宝马 7 系、奔驰 S 级、奥迪 A8 等。

5.3　辅助/操控配置

1. 前后驻车雷达系统

前后驻车雷达系统用于汽车泊车或慢速行驶时探测汽车前后方障碍物，提供障碍物距离、方位、区域等信息，并适时报警，为驾驶员泊车、慢速行驶或拥堵时跟车、并线等提供方便，减少或消除因视线不良而引起的碰撞、剐蹭事故。

前后驻车雷达系统采用超声波测距原理,由控制器控制传感器发射超声波信号,当超声波信号遇到障碍物时产生回波信号,传感器接收到回波信号后,经由控制器 CPU 进行计算,并加以处理、判断,由显示器显示最近障碍物的距离、方位、区域等信息,并由蜂鸣器适时发出相应的警示声音。

①前驻车雷达:前雷达探头装在前保险杠上,探头以大约 45°角辐射,上下左右搜寻目标。它能探寻到低于保险杠而驾驶员从车内难以看见的障碍物并报警,如花坛、玩耍的小孩等。

②后驻车雷达:当换挡杆挂入倒挡或按下雷达开关时,倒车雷达自动开始工作。当探头侦测到后方物体时蜂鸣器发出警示,当汽车继续倒车时,警报声音的频率会逐渐加快,最后变为长鸣音。

2. 驾驶辅助影像系统

驾驶辅助影像系统通过车载摄像头实时显示汽车周围的环境情况,方便驾驶员观察,弥补视野死角和视线模糊的缺陷,提高驾驶的安全性,为行车、泊车、倒车提供便利。目前倒车影像普及率较高,全景影像和车侧盲区影像只在部分车型中应用。

(1)倒车影像系统

挂入倒挡时,该系统会自动接通位于车尾的摄像头,将车后状况显示在中控或后视镜的液晶显示屏上,方便驾驶员观察。更高级的倒车影像系统可以在显示器上标注两根倒车引导线,方向盘转动时倒车曲线就随着转动,从而准确地描出倒车的轨迹,如图 5-14 所示。

图 5-14 倒车影像系统

(2)车侧盲区影像系统

该系统在右后视镜安装摄像头,可以在显示屏上看到位于车侧视野盲区范围内的障碍。

(3)全景影像系统

全景影像系统可以解决倒车影像系统不能全面照顾周围视角的问题。该系统在车头、车侧增加了多个摄像头,从而能够获取汽车周边的实时影像。该系统先将汽车周围的图像数据传给图像处理单元,电脑将对图像进行变形、拼接处理,从而形成一张从车顶鸟瞰的俯视图。这样独特的视角可以很好地帮助缺乏"车感"的驾驶员判断汽车的走向和位置。为避免鸟瞰图对细节观察的影响,还可以通过切换画面在显示器中选择其他方向的独立视图,如图 5-15 所示。

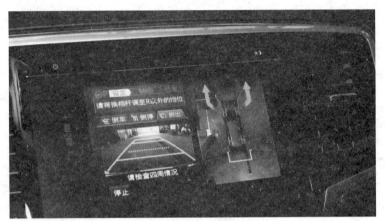

图 5-15 全景影像系统

3. 巡航系统

巡航系统通过控制车速,缓解驾驶员长时间驾驶时控制油门、车速的疲劳感。目前的巡航系统有:定速巡航、自适应巡航和全速自适应巡航系统三种。

(1) 定速巡航系统

定速巡航系统(Cruise Control System,缩写为 CCS)是安装在汽车中能够自动控制汽车行驶速度的装置。驾驶员可以启动定速巡航功能后不需要再踩油门,车辆即可按照设定的速度前进。当需要减速时,踩下刹车踏板即可自动解除,开关按键标识如图 5-16 所示。

图 5-16 定速巡航系统开关按键

(2) 自适应巡航系统

自适应巡航系统(Adaptive Cruise Control,缩写为 ACC)是一种智能化的自动控制系统,在定速巡航控制技术的基础上发展而来。除了可依照驾驶员设定速度行驶,还可以实现保持预设跟车距离以及随着车距变化自动加速与减速的功能。一般自适应巡航系统的工作范围在 40~150 km/h。

（3）全速自适应巡航系统

全速自适应巡航系统是由自适应巡航系统发展而来，相比自适应巡航，全速自适应巡航的工作范围更大，目前博世新一代系统可以在 0~150 km/h 工作。

4. 驾驶模式选择

在一些 SUV、运动型轿车和豪华轿车上，常常配有驾驶模式选择功能，驾驶员可以在"节能/运动/标准/舒适"等模式下进行切换。不同的驾驶模式，汽车会根据系统预定的参数，对转向、变速器、发动机、悬架等响应以及电子稳定程序介入时间和力度做出相应调整。驾驶员可以根据路况和驾驶心情，选择合适的驾驶模式，充分发挥汽车使用性能，提高驾驶乐趣。

5. 自动泊车系统

自动泊车是一种可以帮助驾驶员停车入位的功能。利用车身周围的超声波传感器或者摄像头，识别合适的停车位，驾驶员确认车位后只需按照提示切换挡位，系统就能将车停入车位，如图 5-17 所示。部分高端车型除了可以自动将车辆停入车位，还可以实现自动驶离车位，进一步提高便利性。

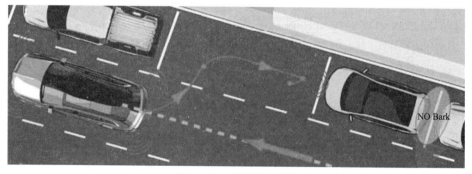

图 5-17　自动泊车系统

6. 发动机启停系统

发动机启停系统的功能是当驾驶员踩下制动踏板车辆处于停驶时，发动机将停止运转，但发动机内的润滑油持续运转，使发动机内部保持润滑；当松开制动踏板后，发动机将再次起动，达到减少排放和降低油耗的目的。此时，因润滑油一直循环，即使频繁地停车和起步，也不会对发动机内部造成磨损。发动机自动启停系统开关按键标识如图 5-18 所示。该功能可以通过操作此按键开启或关闭。

7. 自动驻车

自动驻车（Auto Hold）的功能可以在上下坡以或频繁起步停车时提供适当的制动力，驾驶员抬起刹车踏板后仍能提供适当的驻车制动力。比如：在停车等红绿灯时，可以避免频繁操作手刹或电子手刹；自动挡车型也不用频繁地切换挡位，提供便利性的同时，也避免了"溜车"风险。

8. 上坡辅助

上坡辅助（Hill-Start Assist ControL，缩写为 HAC）功能可以让汽车在不用手刹的情况

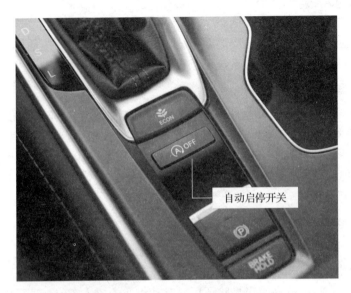

图 5-18 自动启停功能开关按键

下在坡路上起步而不会溜车,驾驶员右脚离开制动踏板汽车仍能继续保持制动几秒,避免了还要用驻车制动器辅助坡起而让驾车者感到手忙脚乱的麻烦。它与自动驻车(AUTO HOLD)功能的区别是,自动驻车功能不踩下油门踏板,汽车不会继续前进。而上坡辅助功能即使不踩下油门踏板,汽车也可缓慢上坡。

9. 陡坡缓降

陡坡缓降(Hill Descent Control,缩写为 HDC)系统也被称为斜坡控制系统,这是一套用于下坡行驶的自动控制系统。在系统启动后,驾驶员无须踩制动踏板,汽车会自动以低速行驶,并且能够逐个对超过系统计算的安全转速的车轮施加制动力,从而保证车辆平稳下坡,开关按键标识如图 5-19 所示。

图 5-19 陡坡缓降功能开关按键

10. 可变悬架

可变悬架是指可以手动或自动地改变悬架的高低、软硬来适应不同路面的行驶需求。

(1) 悬架高低调节

悬架高低调节指汽车可以主动或被动地改变车身离地间隙的功能。具备悬架高低可调的汽车，可通过调高悬架高度的方式提高汽车的通过性，或者降低悬架高度，使得车身重心降低，从而提高汽车高速行驶的稳定性。

(2) 悬架软硬调节

悬架软硬调节是指汽车可以主动或被动地改变悬架软硬程度的功能。通过调节悬架的软硬程度，提升汽车的操控性和乘坐舒适性。

5.4 外部/防盗配置

1. 车门及后备箱开启/关闭

(1) 电动吸合车门

电动吸合车门常见于豪华品牌汽车上，是一项提升舒适及安全性的配置。车门打开时，门框上（或门板边缘）安装的电磁线圈就会有电流通过，从而形成电磁场。当车门关到与门框距离较近时，车门就会在磁力的作用下自动吸合直到完全关闭。

(2) 电动后备箱和感应后备箱

电动后备箱是指车辆后备厢可电动控制开启和关闭。后备箱门内有关闭按钮，通过触击该按钮或遥控钥匙使后备箱门自行关闭，无须人力介入。

感应后备箱是指在感应钥匙随身携带的情况下，只需把脚扫过后保险杠底部的感应器，后备箱盖便会自动开启。此系统可以方便双手持物的车主开启后备箱。

(3) 电动后备箱位置记忆

电动后备箱位置记忆功能可以根据使用习惯，在后备箱打开到预定高度后长按功能开关（一般3~5 s），当听到嘀的一声，即可完成后备箱打开高度设置，再次使用后备箱时，开启高度将一直保持在此设置位置。其开关按键标识如图5-20所示。

图5-20　电动后备箱位置记忆功能开关按键

2. 钥匙与防盗

目前市面上常见的钥匙有机械钥匙、遥控钥匙、触控液晶屏钥匙、智能手环钥匙等，无论何种类型的钥匙,其基本功能都是打开车门和起动发动机,部分遥控和触摸液晶屏钥匙可以实现自动泊车、查看车辆信息功能。

(1) 无钥匙进入与无钥匙起动

无钥匙进入功能是当车钥匙进入指定范围时,安全系统确认钥匙与车辆匹配,驾驶员只需拉拽门把手或触摸特定位置或将手伸入感应区,即可解锁车门,免去了掏钥匙解锁车门的步骤。锁定车辆时,只需触摸外部门把手的特定位置即可完成锁车。

无钥匙起动功能是当系统监测到车钥匙在车内时,无须将钥匙插入钥匙门,驾驶员只需按下一键启动按键,车辆就能起动。

(2) 远程起动发动机

远程起动发动机就是车辆通过遥控钥匙发出的信号来远距离起动发动机,达到提前预热的目的。其开关按键标识如图 5 – 21 所示。一般情况下,远程起动发动机后,发动机会连续工作 10 min 左右,如果没有收到其他指示则会自动熄火。

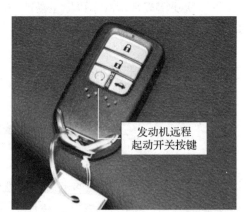

图 5 – 21 发动机远程起动功能开关按键

5.5 内部配置

1. 方向盘

(1) 方向盘位置调节

方向盘位置调节功能根据可调方向分为上下调节和前后调节,根据调节方式又可分为手动调节和电动调节。目前常见的是上下共两向手动调节或上下/前后共四向手动调节方向盘,如图 5 – 22 所示。部分高端车辆还配有电动可调方向盘,如图 5 – 23 所示。通过调节方向盘位置,可以满足不同身材的驾驶员对方向盘及乘坐空间的需要,这是一项舒适性配置。

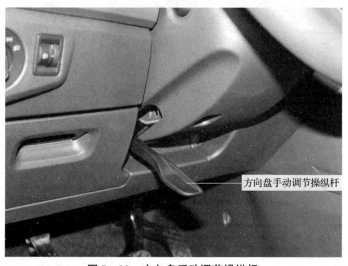

图 5 – 22 方向盘手动调节操纵杆

图 5 – 23　方向盘自动调节按钮

（2）方向盘加热

方向盘加热功能可以在寒冷的季节让方向盘变得温暖，让驾驶员握方向盘时不再觉得寒冷不适。目前，方向盘加热功能常出现在配置较高的车型上，通过方向盘上的加热按钮来控制开启或关闭，开关按键标识如图 5 – 24 所示。

（3）方向盘换挡

方向盘换挡是通过方向盘上的按钮或拨片操作变速器换挡，一般配备在搭载手自一体变速器的运动型轿车或跑车上，提高换挡效率。换挡拨片一般位于方向盘后方，如图 5 – 25 所示。驾驶员只需将挡位推入 D、S 或手挡模式，然后利用换挡拨片完成升降挡操作。

图 5 – 24　方向盘加热功能开关按键

图 5 – 25　方向盘换挡拨片

2. 多功能仪表盘

多功能仪表盘是把行车电脑的一部分数据用屏显的方式体现出来。大多数仪表盘显示平均油耗、瞬时油耗、室外温度、平均车速、驾驶时间、单次行驶里程等数据。

（1）全液晶仪表

全液晶仪表也叫虚拟仪表，如图 5 – 26 所示。该仪表展现信息更丰富，效果更生动。目前全液晶仪表已经逐渐从高端车型向中低端车型应用，而新能源车已经全面采用该配置。

全液晶仪表用屏幕取代了指针、数字等现有仪表盘上最具代表性的部分，其优点是可以由用户自定义仪表系统，以满足不同的要求。并且它更容易同网络、外用设备及其他应用相连接，提升整车的科技感，它是未来的发展方向与趋势。

图 5-26　全液晶仪表

（2）抬头显示功能

抬头显示（Head Up Display，缩写为 HUD）功能又被叫作平行显示系统，它的作用就是把时速、导航等重要的行车信息投影到驾驶员前风挡玻璃上的光电显示装置上，在玻璃前方形成影像，使驾驶员不用转头、低头就能看到车速、导航等重要的驾驶信息，如图 5-27 所示。

图 5-27　抬头显示功能

3. 车内空气管理系统

（1）车载空气净化器

车载空气净化器是指专用于净化汽车内空气中的 PM2.5、有毒有害气体（甲醛、苯系物、TVOC 等)、异味、细菌病毒等污染物的净化设备,通常会集成在空调系统中或者集成在中央扶手箱内,如图 5-28 所示。

图 5-28　车载空气净化器

它的工作原理如下:机器内的微风扇使车内空气循环流动,污染的空气通过机器内的 PM2.5 过滤网和活性炭滤芯后将各种污染物过滤或吸附,然后经过装在出风口的负离子发生器,将空气不断电离,产生大量负离子,被微风扇送出,形成负离子气流,达到清洁、净化空气的目的。

(2) 车内香氛装置

车内香氛装置是把香水通过空调均匀地释放到车内,并可以调节香味的浓烈,如图 5-29 所示。通常原车会推出一些适合本车整体氛围的香水,车主也可以根据自己的喜好自行替换或添加香水。

图 5-29　车内香氛装置

5.6　多媒体配置

1. 音响

随着生活水平的提高,人们对汽车的音响效果要求也越来越高。不同汽车生产商制造的汽车都会结合定价装配不同品牌的音响系统。有些汽车厂商也会和一些音响制造商有固定的合作关系。丰田车系常用音响品牌为 JBL(杰宝);保时捷、奥迪汽车常用音响品牌为 BOSE

（博士）、B&O（Bang & Olufsen）；宾利汽车常用音响品牌为 Naim；大众汽车常用音响品牌为 Beats、Dynaudio（丹拿）、Fender；福特汽车常用音响品牌为 SONY。

扬声器的数量和位置会根据汽车内部整体设计需求不同而不同，如图 5-30 所示。另外部分车型还支持用户选装音响品牌和扬声器数量，以满足对车内音响音质的需求。

图 5-30　车内扬声器安装位置示意图

2. 中控显示屏

中控台上的显示屏，主要显示汽车音响、导航、车辆信息、倒车影像等内容，有单点触控液晶屏和多点触控液晶屏。

高端车型的中控显示屏可以实现分屏功能，即主副驾驶侧可以根据不同需求显示不同的内容。

3. 人车交互系统

（1）语音识别控制系统

为方便地实现人车交互，越来越多的汽车支持语音识别控制，如图 5-31 所示。该系统可以实现呼叫电话、控制音量、调节空调、查询路线等功能，是一项便利性配置。

图 5-31　语音识别控制系统

（2）面部识别系统

面部识别是科技发展的趋势，从面部识别考勤打卡、手机屏幕解锁，到现如今越来越多的汽车厂商将面部识别应用到汽车中，如图 5-32 所示。通过面部识别功能，确认不同驾驶员身份，实现汽车起动、座椅位置记忆调节、进入多媒体系统等个性化需求。面部识别功能提升了安全性、私密性、便利性。

图 5-32 面部识别系统

网络助学

1. 请扫描下方二维码观看视频，进一步了解我国汽车环保要求及标准、整车质保的意义、发动机各参数、安全气囊、行人保护功能、胎压监测功能、儿童座椅接口、制动辅助系统、行驶辅助系统、道路交通识别系统、主动安全功能、巡航系统、自动泊车系统、自动驻车系统、发动机启停系统、上坡辅助和陡坡缓降系统、可变悬架与空气悬架系统、无钥匙进入及无钥匙启动系统、远程启动、全液晶仪表、抬头显示系统。

网络助学

课外拓学

请扫描下方二维码观看视频，了解代表未来汽车科技发展方向的 10 台概念车、汽车新技术——2050 年的汽车会是什么样、国产汽车比亚迪的智能网联技术。

课外拓学

实践操作

[车辆配置解读实训任务单]

实训准备:实训用车1辆,配置单一套。

实训目的:能够看懂车辆上各项配置的作用。

实训实施:请查看下方配置单,并在小组内口述配置单上的各项参数及配置的意义和作用。

全新奥迪 A7 sportback 40TFSI 豪华型 & 45TFSI 臻选型 – 专享型装备价格表

		车型	奥迪 A7 40TFSI	奥迪 A7 45TFSI	奥迪 A7 45TFSI
			豪华型	臻选型	专享型
		市场指导价格/元	573 800	612 800	704 800
发动机		发动机型式	L型4缸涡轮增压,汽油直接喷射		
		最大输出功率/[kW(ps)/rpm]	140 (190)	180 (245)	
		最大输出扭矩/(Nm/rpm)	320	370	
		排量/cm³	1 984	1 984	
		排放标准	周六		
动力传动系统/车轮		驱动方式	前轮驱动		
		变速箱	7速S-tronic 自动变速箱		
		车轮	5幅双臂V型铸铝车轮,尺寸为8.5J×19	10幅双臂V型铸铝车轮,尺寸为8.5J×19	10幅双臂V型铸铝车轮,尺寸为8.5J×19
		轮胎	245/45 R19	245/45 R19	245/45 R19

续表

车型	奥迪 A7 40TFSI 豪华型	奥迪 A7 45TFSI 臻选型	奥迪 A7 45TFSI 专享型
整车尺寸及质量			
长×宽×高/mm		4 976×1 908×1 405	
轴距/mm		2 928	
空车质量/kg		1 895	
允许最大质量/kg	2 290		2 300
行李箱容积/L		535	
油箱容积/L		73	
最小转弯直径/m		12.2	
整车性能参数			
最高车速/(km/h)	237		250
加速时间（0~100km/h)/s	8.3		7
油耗（城市）/(L/100km)	8.2		8.3
油耗（郊区）/(L/100km)	5.3		5.5
油耗（混合）/(L/100km)	6.3		6.5
基本装备			
安全/灯光	车身功能	信息/娱乐	驾驶辅助	其他装备
独立日间行车灯	电动天窗	奥迪虚拟座舱	模拟前后驻车辅助系统	ISOFIX 儿童座椅固定装置
LED后尾灯带动态效果	后座椅靠背可折叠	奥迪互联科技	大灯清洗系统	随车工具和千斤顶

续表

车型	奥迪A7 40TFSI 豪华型	奥迪A7 45TFSI 臻选型	奥迪A7 45TFSI 专享型
基本装备 — 信息/娱乐			
蓝牙电话接口			
MMI*触感反馈			
导航模块			
奥迪手机接口			
奥迪音乐接口			
奥迪互联科技紧急呼叫服务			
基本装备 — 车身/功能			
前座中扶手			
可升降后部扰流板			
前风挡绿色隔热玻璃			
侧窗及后挡绿色隔热玻璃			
后备箱盖可电动开启和关闭			
前排座电动腰部支撑			
安全/灯光			
全尺寸安全气囊			
头部安全气帘			
安全带未系报警			
防盗报警系统			
车轮防盗螺栓			
三角警示牌			
亮点装备			
奥迪预安全系统前部版	●	●	●
抬头显示	○19 000元	●	●
矩阵式LED大灯	●	●	●
泊车辅助带全景影像	○3 500元	●	●
豪华自动空调	●	●	●
定速巡航	●	●	●
舒适钥匙带有后部传感器后盖可自动开启功能		●	●
运动悬架	●	●	●
Bang & Olufsen		●	●
驾驶辅助			
胎压监控系统			
带有能量回收的启停装置			
渐进式转向系统			
电子机械转向			
无框内后视镜自动防眩目			
转向柱高度及水平可调			
其他装备			
遮阳板及化妆镜			
存储包			
点烟器及烟灰缸			
小备胎			

续表

车型	奥迪 A7 40TFSI 豪华型	奥迪 A7 45TFSI 臻选型	奥迪 A7 45TFSI 专享型
车身/照明			
后视镜电动调整、电动折叠、自动防眩目、带记忆功能	●	●	●
S Line 外观包	●	●	●
黑色外后视镜	○2 000元	○2 000元	○2 000元
智能激光大灯	○15 000元	○15 000元	○15 000元
内部氛围灯	●	●	●
座椅/真皮			
真皮/皮革组合	●	—	—
华格纳（Valcona）真皮座椅面料	○17 000元	●	●
阿尔卡塔娜（Alcantara）真皮座椅面料	○4 500元	—	—
普通座椅	●	—	—
前排运动座椅	○5 000元	●	●
前排舒适座椅	○35 000元	—	—
前后座椅电动调节，司机侧带记忆功能	●	●	●
前排座椅加热	●	●	●
前后排座椅加热	○5 500元	○5 500元	○5 500元
前座椅通风功能（需同时选择四区空调）	○11 000元	—	—

续表

车型	奥迪 A7 40TFSI 豪华型	奥迪 A7 45TFSI 臻选型	奥迪 A7 45TFSI 专享型
内饰风格			
饰条上部，石墨灰外观	●	—	—
饰条上部，铝外观	○6 500元	●	—
饰条上部，胡桃木	○10 000元	○4 500元	—
饰条上部，树木纹理天然灰棕色	○10 000元	○4 500元	○0
饰条上部，树木纹理天然玛瑙灰	○10 000元	●	—
皮革装备包	○10 000元	○10 000元	—
扩展皮革装备包	—	—	—
奥迪专享包	○4 500元	●	●
黑色玻璃外观操作按钮，带触觉反馈功能，扩展铝制外观	○2 000元	○4 500元	○4 500元
奥迪运动多功能真皮方向盘，三幅，带换挡拨片	○3 500元	○1 500元	○1 500元
奥迪平底多功能真皮方向盘，三幅，带换挡拨片	●	○0	○0
奥迪多功能真皮方向盘，铝制装饰，航空设计，带换挡拨片			

续表

车型	奥迪 A7 40TFSI 豪华型	奥迪 A7 45TFSI 臻选型	奥迪 A7 45TFSI 专享型
驾驶辅助			
带后摄像头的可视倒车	●	—	—
前后座侧安全气囊	○6 500 元	○6 500 元	○6 500 元
车道偏离警示	○2 500 元	○2 500 元	○2 500 元
夜视系统	○29 000 元	○29 000 元	○29 000 元
奥迪预安全系统基本版	○4 500 元	○4 500 元	○4 500 元
转向柱电动调整	○6 000 元	○6 000 元	○6 000 元
豪华装备			
Bang & Olufsen 高端音响	○70 000 元	○70 000 元	○70 000 元
四区豪华自动空调	○10 000 元	○10 000 元	○10 000 元
奥迪手机风暴盒	○7 000 元	○7 000 元	○7 000 元
奥迪后排音乐接口	○2 500 元	○2 500 元	○2 500 元
遮阳帘	○2 500 元	○2 500 元	○2 500 元
前排头枕可调	○2 500 元	—	—

续表

车型	奥迪 A7 40TFSI 豪华型	奥迪 A7 45TFSI 臻选型	奥迪 A7 45TFSI 专享型
豪华装备			
车门自动吸合装置	○9 000元	○9 000元	○9 000元
深色玻璃（隐私上釉）	○6 500元	○6 500元	○6 500元
自适应集成喷嘴风挡雨刷	○5 000元	○5 000元	○5 000元
个性轮毂			
5幅双臂V型19英寸铸铝车轮	●	—	—
10幅双臂V型19英寸铸铝车轮	○0	●	●
5幅V型20英寸铸铝车轮	○12 000元	○12 000元	○12 000元
奥迪Sport 5幅双臂20英寸铸铝车轮	○18 000元	○18 000元	○18 000元
奥迪Sport 5幅双臂20英寸铸铝车轮，哑光钛外观	○21 000元	○21 000元	○21 000元

注：(1) ●标准装备 ○选装装备 －不提供 (2) 本目录内容根据印制时车辆配置状态信息编制，鉴于一汽－大众汽车有限公司不断对汽车进行改型和改进，市场销售车型的部分配置及规格可能与本目录有所不同，具体细节请咨询当地奥迪授权经销商。我们将保留未经事前通知更改本目录任何信息的权利。车身尺寸尺寸单位为毫米产品信息均以实物为准。

续表

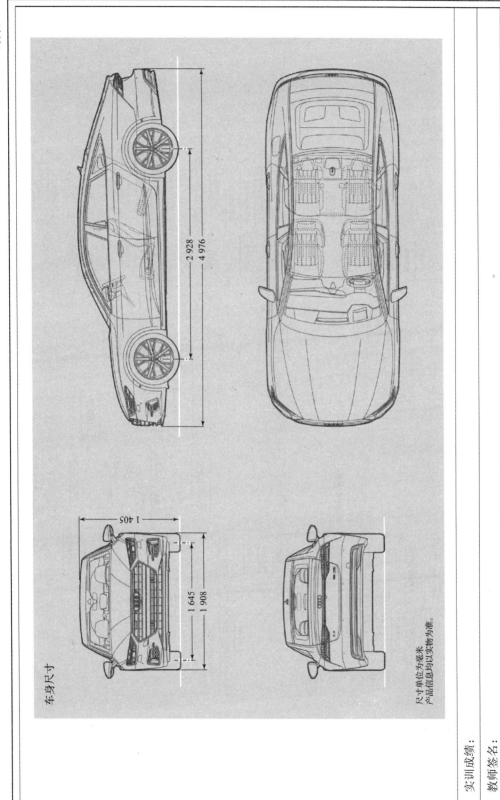

车身尺寸

尺寸单位为毫米
产品信息均以实物为准。

实训成绩：

教师签名：

项目二 汽车的配置和性能

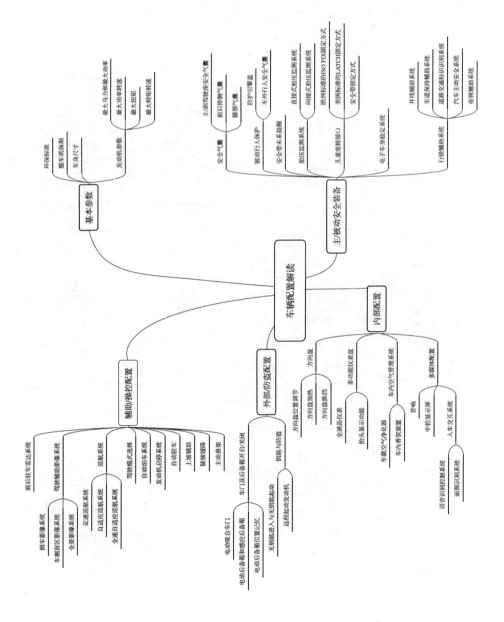

任务六

汽车性能评判

小张最近想选购一辆新车，咨询朋友意见的时候，朋友问他是注重汽车动力性、经济性还是其他性能？小张一头雾水，到底什么是汽车性能？对于汽车性能你又了解多少呢？

知识目标：
1. 掌握汽车各项使用性能的评价指标；
2. 掌握汽车各项使用性能的影响因素。

技能目标：
1. 能够说出汽车各项性能指标的影响因素；
2. 能够通过查询资料获取车型的各项性能参考因素；
3. 能够简单评判车型的性能特点。

理论学习

汽车的使用性能包括动力性、燃油经济性、操纵稳定性、制动性、通过性以及舒适性等方面，本部分主要介绍汽车的性能参数、工作要求、评价指标及其影响因素。

6.1 汽车动力性

汽车动力性是指汽车在良好的路面上直线行驶时，克服各种行驶阻力所能达到的平均行驶速度。动力性是汽车性能中最重要、最基本的性能。汽车运输效率的高低、平均技术速度的高低，在很大程度上取决于汽车的动力性。

6.1.1 汽车动力性的评价指标

汽车的平均行驶速度是汽车动力性的总指标。汽车的动力性主要由三方面的指标来评定，即最高车速、加速性能和上坡性能。

1. 最高车速

最高车速是指汽车额定满载行驶于平直良好路面（混凝土或沥青）上所能达到的最高行驶速度。它对于长途运输车辆的平均行驶速度影响较大。

2. 加速性能

汽车的加速性能是指汽车在各种使用条件下提高行驶速度的能力。它对于市区运行车辆的平均行驶速度影响很大，特别是轿车对加速时间尤为重视。加速能力在理论分析中用加速度来评定，而在实际试验中常用下列两种方法评定。

①最高挡或次高挡加速性能，也称超车加速性能。它是汽车用最高挡或次高挡由某一预定的中速全力加速至另一预定高速时所经过的时间或距离来评定。这段时间越短，则超车加速能力越强，从而可以减少超车过程中的并行时间，有利于保障行驶安全。

②起步连续换挡加速性能，也称原地起步加速性能。它是汽车以起步挡起步，并以大的加速度且选择恰当的换挡时刻逐步换到最高挡后，加速到某一高速（80% $v_{a\max}$ 以上）所需时间或某一距离来评定。原地起步加速时间是衡量高档轿车动力性能的重要指标。一般认为高速轿车的 0~100 km/h 的加速时间应在 10 s 以内，跑车或竞赛汽车的加速时间可达 4 s 左右。

3. 上坡性能

汽车的上坡性能通常用最大爬坡度来评定。最大爬坡度 $i_{\max}$ 是指汽车满载时用变速器最低挡位在良好路面上等速行驶所能克服的最大道路纵向坡度。它对于山区行驶车辆的平均行驶速度有很大影响。轿车一般不强调爬坡能力，因为轿车最高车速大，加速时间短，经常在较好的道路上行驶。货车需要在各种地区的各种道路上行驶，必须具有足够的爬坡能力。一般最大爬坡度在 30%，即 16.7° 左右。需要进一步加以说明的是，$i_{\max}$ 代表了汽车的极限爬坡能力，它应比实际行驶中遇到的道路最大坡度超出很多，这是因为应考虑到在实际坡道行驶时，在坡道停车后顺利起步加速、克服松软道路面的大阻力、克服坡道上崎岖不平路面的局部大阻力等要求的缘故。越野汽车要在坏路或无路条件下行驶，因而爬坡能力是一个很重要的指标，它的最大爬坡度可达到 60% 或更高。

6.1.2 汽车的驱动力和行驶阻力

确定汽车的动力性，需要掌握沿汽车行驶方向作用于汽车的各种外力，即驱动力与行驶阻力。根据这些力的平衡关系，建立汽车行驶方程式，就可以估算汽车的最高车速、加速能力和上坡能力。

汽车行驶时，其驱动力一定要克服行驶阻力，其行驶方程式为

$$F_t = \sum F$$

式中：F_t——驱动力（N）；

$\sum F$——行驶阻力之和（N）。

1. 驱动力

（1）驱动力的产生

汽车发动机的转矩经传动系传至驱动轮，驱动轮便产生一个作用于路面的圆周力 F_0，

路面则对驱动轮产生一个反作用力 F_t（F_0 与 F_t 大小相等，方向相反）即是驱动汽车的外力，称为汽车的驱动力（如图 6-1 所示），其数值为

$$F_t = F_0 = \frac{T_t}{r}$$

式中：T_t——作用于驱动轮上的转矩（N·m）；

　　　r——车轮半径（m）。

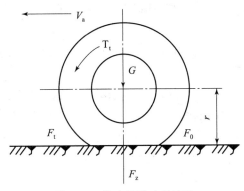

图 6-1　汽车驱动力的产生

作用于驱动轮上的转矩 M_t 是由发动机产生并经传动系传到驱动轮上的，由传动过程可知

$$T_t = T_{tq} i_g i_0 \eta_T$$

式中：T_{tq}——发动机的有效转矩（N·m）；

　　　i_g——变速器的传动比；

　　　i_0——主减速器的传动比；

　　　η_T——传动系的机械效率。

将式 $T_t = T_{tq} i_g i_0 \eta_T$ 代入式 $F_0 = \frac{T_t}{r}$ 得

$$F_t = \frac{T_{tq} i_g i_0 \eta_T}{r}$$

由上式可知，汽车的驱动力与发动机的转矩、传动系各挡的传动比及传动系机械效率成正比，与车轮半径成反比。

因为

$$T_{tq} = \frac{9\,550 P_e}{n}$$

式中 P_e 是发动机在转速为 n(r/min) 时的功率（kW）。所以有

$$F_t = \frac{9\,550 P_e i_g i_0 \eta_T}{nr}$$

（2）传动系的机械效率

发动机输出的功率 P_e 经传动系传至驱动轮的过程中，部分功率用于克服传动系各部件中的摩擦，因而消耗了一部分功率。驱动轮得到的功率仅为 $(P_e - P_t)$，P_t 表示传动系中损失的功率。那么传动系的机械效率为

$$\eta_t = \frac{P_e - P_t}{P_e} = 1 - \frac{P_t}{P_e}$$

传动系内损失的功率 P_t 是在离合器、变速器、万向传动机构、主减速器、驱动轮轴承等处损失功率的总和。离合器在不打滑的情况下，其功率损失很小。万向传动机构的传动效率取决于两传动轴间的夹角，现代汽车的这个夹角很小，如果滚针润滑正常，功率损失很小。当汽车各部轴承润滑调整正常时，功率损失也很小。

传动系的功率损失主要在变速器和主减速器这两个部位上。损失的功率可分为机械损失功率和液力损失功率两大类。

机械损失功率是指齿轮传动副、轴承、油封等处的摩擦损失的功率，与传动副的数量、机械制造质量及传递的转矩有关。

液力损失功率是指消耗于润滑油的搅动、润滑油与旋转零件表面的摩擦等功率损失，与润滑油的品种、温度、箱体内的油面高度以及齿轮等旋转零件的转速有关。

虽然 η_T 受到多种因素影响，但对汽车进行初步的动力性分析时可把它取为常数。一般轿车取 0.9 ~ 0.92。传动系的机械效率可在专门的试验台上测出。

2. 行驶阻力

汽车在水平道路上匀速行驶时必须克服来自地面的滚动阻力 F_f 和来自空气的空气阻力 F_w。当汽车在坡道上上坡行驶时，还必须克服重力沿坡道的分力 F_i，称为上坡阻力。汽车加速行驶时还需要克服其惯性力 F_j，称加速阻力。因此，汽车行驶的总阻力为

$$\sum F = F_f + F_w + F_i + F_j$$

上述诸阻力中，滚动阻力和空气阻力是在任何行驶条件下均存在的；上坡阻力和加速阻力仅在一定行驶条件下存在，在水平道路上等速行驶时就没有上坡阻力和加速阻力。

（1）滚动阻力

汽车车轮在滚动时，由于车轮与地面的变形以及两者之间的相互作用所产生的能量损失称为滚动阻力。

滚动阻力的大小一般用下列公式计算

$$F_f = Gf$$

式中：G——汽车重力（N）；

f——滚动阻力系数。

滚动阻力系数 f 表示单位车重的滚动阻力。汽车在不同路面或不同的运行条件下行驶时的滚动阻力系数是不一样的。滚动阻力系数的大小由试验确定。其影响因素主要有以下几个方面：

①路面的类型、平整度、坚硬程度和干燥状况。表 6-1 是车速在 50 km/h 以下时，不同路面上的滚动阻力系数 f 的数值。

表 6-1　不同路面上的滚动阻力系数 f 的数值

路面类型	滚动阻力系数
良好的沥青或混凝土路面	0.010 ~ 0.018
一般的沥青或混凝土路面	0.018 ~ 0.020

续表

路面类型	滚动阻力系数
碎石路面	0.020 ~ 0.025
良好的卵石路面	0.025 ~ 0.030
坑洼的卵石路面	0.035 ~ 0.050
压紧土路（干燥的）	0.025 ~ 0.035
压紧土路（雨后的）	0.050 ~ 0.150
泥泞土路（雨季或解冻期）	0.100 ~ 0.250
干沙	0.100 ~ 0.300
湿沙	0.060 ~ 0.150
结冰路面	0.015 ~ 0.030
压紧的雪道	0.030 ~ 0.050

②轮胎的结构。在保证轮胎有足够的强度和寿命的前提下，减少帘布层数，可以使胎体减薄而减小滚动阻力系数；子午线轮胎比普通轮胎的滚动阻力系数小，而且车速的变化对它的影响较小；胎面花纹磨损的轮胎，比新轮胎的滚动阻力系数小。

③轮胎的气压。气压降低时，在硬路面上轮胎变形大，滚动阻力系数增大；气压过高，在软路面上行驶时，路面产生很大的塑性变形，并会留下轮辙，也使滚动阻力系数增大。

④行车速度。车速在 50 km/h 以下时，滚动阻力系数变化不大；在 100 km/h 以上时增长较快。车速达某一高速，如 150 ~ 200 km/h 左右时，滚动阻力系数迅速增长，因为这时轮胎将出现驻波现象，即轮胎周缘不再是圆形而呈明显的波浪状。这时车辆的滚动阻力会显著增加。

此外，前轮定位失准以及车轮受到侧向力作用时，地面会对轮胎产生侧向反作用力，引起轮胎的侧向变形，例如在转弯行驶时，滚动阻力系数将大幅度增加。

（2）空气阻力

汽车是在空气介质中行驶的。汽车相对于空气运动时，空气作用力在行驶方向上的分力称为空气阻力，用符号 F_w 表示。

根据空气动力学原理，在汽车行驶速度范围内，空气阻力 Fw 数值的大小通常用下列公式计算

$$F_w = \frac{C_D A u_a^2}{21.15}$$

式中：C_D——空气阻力系数；

A——汽车的迎风面积（m²）；

u_a——汽车与空气的相对速度（km/h）。

上式表明：空气阻力的大小与空气阻力系数 C_D 及迎风面积 A 成正比的。A 值受到使用空间的限制，不易进一步减少，所以降低 C_D 是降低空气阻力的主要手段。C_D 值的大小与汽车外形有很大的关系，良好的流线型对于高速行驶的汽车至关重要。

（3）上坡阻力

当汽车上坡行驶时，汽车的重力在平行于路面方向的分力，称为汽车的上坡阻力，如图 6-2 所示。

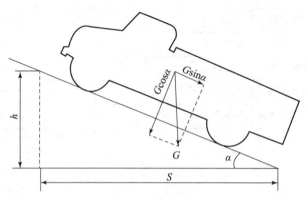

图 6-2　汽车的上坡阻力

上坡阻力 F_i 的大小由下面公式计算

$$F_i = G\sin a$$

式中：G——车辆重量（N）；

a——行驶路面与水平路面的夹角（°）。

道路坡度 i 常用坡高与底长之比的百分数来表示

$$i = \frac{h}{S} \times 100\% = \tan a$$

当 $a < 10° \sim 15°$ 时，$\sin a \approx \tan a$，故

$$F_i \approx G\sin a = Gi$$

由于滚动阻力 F_f 和上坡阻力 F_i 均和道路条件有关，而且均与车重成正比，因此常把这两种阻力合在一起称为汽车的道路阻力。

（4）加速阻力

汽车加速行驶时，需要克服其质量加速运动时的惯性力，就是加速阻力 F_j。通常把汽车的质量分为平移质量和旋转质量两部分。加速时不仅平移的质量产生惯性力，旋转的质量还要产生惯性力偶矩。为便于计算，一般把旋转质量的惯性力偶矩转化为平移质量的惯性力，并以系数 δ 作为计入旋转质量惯性力偶矩后的汽车质量换算系数，因而汽车加速阻力 F_j 可写成

$$F_j = \delta \frac{G}{g} \frac{dv}{dt}$$

式中：δ——旋转质量换算系数，（$\delta > 1$）；

G——汽车总重量（N）；

g——重力加速度（$g = 9.8 \text{ m/s}^2$）；

dv/dt——行驶加速度（m/s^2）。

δ 主要与飞轮的转动惯量和车轮的转动惯量以及传动系的传动比有关。

6.1.3 汽车行驶的驱动条件和附着条件

1. 驱动条件

汽车行驶的过程中，受到各种行驶阻力的作用，必须有一定的驱动力，以克服各种行驶阻力。表示汽车驱动力与行驶阻力之间关系的等式，称为汽车的驱动力平衡方程，即

$$F_t = F_f + F_w + F_i + F_j$$

上式说明了汽车行驶中驱动力与各行驶阻力的平衡关系，其平衡关系不同，则汽车的运动状态不同。

若 $F_j = F_t - (F_f + F_w + F_i) > 0$，即 $F_t > F_f + F_w + F_i$ 时，汽车将加速行驶。

若 $F_j = F_t - (F_f + F_w + F_i) = 0$，即 $F_t = F_f + F_w + F_i$ 时，汽车将等速行驶。

若 $F_j = F_t - (F_f + F_w + F_i) < 0$，即 $F_t < F_f + F_w + F_i$ 时，汽车将无法起步或减速行驶直至停车。

可见，汽车行驶的必要条件是

$$F_t \geqslant F_f + F_w + F_i$$

上式为汽车的驱动条件，它反映汽车的行驶能力，但还不是汽车行驶的充分条件。

2. 附着条件

可以采用增加发动机转矩和加大传动比等措施来增大汽车的驱动力。但是这些措施只有在驱动轮与路面之间不发生滑转现象时有效。如果驱动轮在路面滑转，则增大驱动力只会使驱动轮加速旋转，地面切向反作用力并不会增加。这种现象说明地面作用在驱动轮上的切向反作用力受地面接触强度的限制，并不能随意加大，即汽车行驶除受驱动条件制约外，还受轮胎与地面附着条件的限制。

地面对轮胎切向反作用力的极限值称为附着力 F_φ，在硬路面上附着力取决于轮胎与路面间的相互摩擦，它与驱动轮法向作用力 F_z 成正比，常写成

$$F_\varphi = F_z \varphi$$

式中 φ 称为附着系数，它表示轮胎与路面的接触强度，反映了轮胎与路面的摩擦作用。

但是附着系数 φ 与光滑表面间的摩擦系数不同。当轮胎与路面接触时，路面的坚硬微小凸起能嵌入变形的轮胎中，增加了轮胎与路面的接触强度，对轮胎在接地面积内的相对滑动有较大的阻碍作用，轮胎与地面间的上述作用，通常被称为附着作用。

在松软路面上，例如车轮在比较松软的干土路面上滚动时，土壤的变形比轮胎的变形大，轮胎胎面花纹的凸起部分嵌入土壤，这时附着系数 φ 值，不仅取决于轮胎与土壤间的摩擦作用，同时还取决于土壤的抗剪切强度。因为只有当嵌入轮胎花纹沟槽的土壤被剪切脱开基层时，轮胎在接地面积内才产生相对滑动，车轮发生相对滑转。

显而易见，地面的切向反作用力不得大于附着力，否则会发生驱动轮滑转，即

$$F_t \leqslant F_\varphi$$

上式称为汽车的附着条件。故驱动轮的附着条件还可以写为

$$F_t \leqslant F_z \varphi$$

如将汽车的驱动条件和附着条件联系在一起，得出

$$F_f + F_w + F_i \leqslant F_t \leqslant F_z \varphi$$

上式即为汽车行驶的驱动—附着条件，也是汽车行驶的充分和必要条件。

6.1.4 影响汽车动力性的主要因素

1. 发动机参数

（1）发动机最大功率

发动机最大功率越大，汽车的动力性愈好，最高车速、加速能力、爬坡能力必然也好；但发动机功率也不宜过大，否则在常用条件下，由于发动机负荷率过低而导致油耗的增加。

（2）发动机最大转矩

发动机的最大转矩大，且 i_g、i_0 一定时，汽车的加速和上坡能力就强。

2. 主减速器传动比

传动比大，则动力性强，爬坡能力强，但速度较低。

3. 传动系挡数

无副变速器和分动器时，传动系挡数即为变速器前进挡的挡数。变速器的挡数增加时，发动机在接近最大功率工况下工作的机会增加，发动机的平均功率利用率高，后备功率增大，有利于汽车加速和上坡，提高了汽车中速行驶时的动力性。挡数多，可选用最合适的挡位行驶，使发动机尽可能在大功率工况下工作，提高了功率利用的平均值。

4. 变速器传动比

变速器的传动比对汽车的动力性影响最大。变速器的 I 挡传动比 i_{g1} 与主减速器的传动比 i_0 的乘积，决定了传动系的最大传动比，I 挡的传动比越大，汽车的牵引能力和爬坡能力就越强。但应在附着条件的限制之内，汽车的动力性才能充分发挥。变速器其余各挡的传动比应按等比级数分配，保证汽车在换挡加速过程中功率利用程度最高。

5. 汽车外形

汽车外形影响汽车的空气阻力系数，对汽车的动力性也有影响。因为空气阻力和车速平方成正比，克服空气阻力消耗的功率和车速的立方成正比，所以汽车的流线型对汽车的最高车速有很大影响。

6. 轮胎尺寸与形式

汽车的驱动力与驱动轮的半径成反比，而车速与驱动轮的半径成正比。因此，轮胎半径对与动力性有关的驱动力和车速是矛盾的。在良好路面上行驶的汽车，由于附着力较大，允许用小直径的轮胎，可得到较大的驱动力。车速的提高可以用减小主减速器传动比来解决。轮胎尺寸和主减速器传动比的减小，使汽车质心高度降低，提高了汽车行驶的稳定性，有利于汽车的高速行驶。软路面上行驶的汽车，车速不高，要求轮胎半径大些，主要是为了增加附着系数。

7. 使用因素

使用因素主要包括发动机的技术状况、汽车底盘技术状况、驾驶技术、汽车运行条件等。

(1) 发动机技术状况

发动机技术状况不良,其功率、转矩下降,汽车动力性下降。

(2) 汽车底盘技术状况

汽车传动系各传动元件的松紧度与润滑、前轮定位的调整、轮胎气压、制动性能的好坏、离合器的调整、传动系的润滑油质量等都直接影响汽车的动力性。

(3) 驾驶技术

熟练的驾驶操作,适时迅速地换挡以及正确选择挡位,对发挥和利用汽车动力性均有很大影响。

(4) 汽车运行条件

气候温度过高和过低,容易造成发动机过热和过冷,使发动机的功率下降;当汽车在高原地区行驶时由于空气稀薄使发动机的充气量和压缩压力降低,导致发动机功率下降;汽车在使用过程中,道路条件的不断变化,如遇泥泞土路和冰雪路面等,车轮的滚动阻力增加,附着系数减小,因而也使发动机的功率大大降低。

6.2 汽车燃油经济性

汽车燃料经济性是指在保证动力性的条件下,汽车以尽量少的燃油消耗量经济行驶的能力。汽车燃油经济性好,可以降低汽车的使用费用,节省石油资源,降低发动机产生废气的排放量。

6.2.1 汽车燃油经济性的评价指标

汽车燃油经济性常用一定运行工况下汽车行驶百公里的燃油消耗量或一定燃油量能使汽车行驶的里程来衡量。

在我国及欧洲,燃油经济性指标的单位为 L/100 km,即每行驶 100 km 所消耗的燃油升数。它的数值越大,汽车燃油经济性越差。

等速行驶百公里燃油消耗量是常用的一种评价指标,它是指汽车在一定载荷(我国标准规定轿车为半载、货车为满载)下,以最高挡在水平良好路面上等速行驶 100 km 的燃油消耗量。通常是测出每隔 10 km/h 或 20 km/h 速度间隔的等速百公里燃油消耗量,然后在图上连成曲线,作为等速百公里燃油消耗量曲线,并用它来评价汽车燃油经济性,如图 6 - 3 所示。

但是,等速行驶工况并没有全面反映汽车的实际运行情况,特别是在市区行驶中频繁出现的加速、减速、怠速、停车等行驶工况。因此,在对实际行驶车辆进行跟踪测试统计的基础上,各国都制定了一些典型的循环行驶试验工况来模拟实际汽车运行状况,并以其百公里燃油消耗量来评定相应行驶工况的燃油经济性。即循环工况百公里耗油量,也称为城市油耗。

循环工况规定了车速—时间行驶规范,例如,何时换挡、何时制动以及行车的速度和加速度等数值。由于它在路上试验比较困难,一般多规定在室内汽车底盘测功机上进行试验,而规定在路上进行试验的循环工况均很简单。

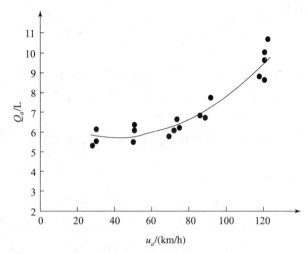

图 6-3　汽车等速百公里燃油消耗量曲线

6.2.2　影响汽车燃料经济性的因素

汽车燃料经济性主要取决于汽车的行驶阻力和发动机的有效燃料消耗率。下面从汽车的结构因素和使用因素两方面来说明其对汽车燃料经济性的影响。

1. 汽车结构因素

（1）发动机

发动机影响燃料经济性的主要因素有发动机的种类、压缩比、发动机功率利用率等。

①发动机种类。目前常用的发动机主要有汽油机和柴油机。柴油机的热效率高，有效燃料消耗率比汽油机低30%~40%。

②压缩比。提高压缩比是提高汽油机燃料经济性的主要措施，但压缩比过高会引起爆燃和表面点火，特别是排气污染增加。因此，在允许的条件和范围内提高压缩比，可以改善燃料的经济性。

③发动机功率利用率。发动机的功率利用率对汽车燃料经济性影响很大，试验资料表明，一般发动机在中等转速较高负荷率下工作时，其经济性较好。

④发动机燃烧过程。改进燃料供给系和燃烧室的形状及进、排气系统的结构，使燃料得到良好的汽化和雾化，并且与空气混合均匀，就能改善燃烧过程，从而提高燃料经济性。目前广泛采用的电喷发动机及稀薄燃烧技术一般能节油5%~20%。

（2）传动系

传动系的效率越高，则损失于传动系的能量越少，因而燃料经济性就越好。

当发动机的功率一定时，传动系的传动比越小，则汽车的燃料经济性越好，所以采用超速挡和减小主传动比，均可减少燃料消耗；但主传动比不可太小，否则在汽车行驶中遇到的阻力稍大时，便会感到驱动转矩不足，因而经常要换用变速器的中间挡位，反而增加了燃料消耗，使汽车的燃料经济性变坏。变速器的挡位越多，则越容易根据行驶条件选择较小的传动比，使发动机能以较低的转速在较经济的条件下工作，从而改善汽车的燃料经济性；但变速器的挡数过多，将会使结构大为复杂，也增加驾驶操作的负担。因此，变速器的挡数应综合各方面因素合理地选择。

(3) 空气阻力

空气阻力与汽车的迎风面积、空气阻力系数、行驶速度的平方成正比。车速越高，阻力越大，汽车的燃油经济性也越差。

(4) 汽车质量

当汽车的总质量增加时，单位行程的燃料消耗量增加，但二者的增加量不成正比。因为随着载质量的增加，发动机的功率利用率将提高，因而会使发动机的有效燃料消耗率有所降低，汽车单位运输工作量的燃料消耗量减少，所以减轻汽车的自身质量和增大汽车的载质量，都能改善汽车的燃料经济性。

2. 使用方面因素

对于一定的车型而言，一般通过改善汽车的技术状况，提高驾驶员的操作技术水平，选择良好的运行条件等手段来达到提高汽车燃料经济性的目的。

(1) 汽车技术状况

为保持汽车的技术状况良好，必须正确执行汽车的维护制度，正确地维护和调整，特别是对燃料消耗量影响最大的燃料供给系和点火系，要经常保持良好的工作状况。在汽车底盘方面，首先是要保持正常的润滑，以减少传动系和行驶系中的摩擦阻力；另外还要保证前轮定位的正确性和正常的轮胎气压，以减少燃料消耗。但特别要注意的是：燃料和润滑油的质量对汽车的燃料消耗量也有很大的影响。

(2) 驾驶员操作技术水平

良好的驾驶技术可以大大降低汽车的燃料消耗量，不同技术水平的驾驶员在相同条件下驾驶同一类型的汽车，其燃料消耗量可相差20%~40%。降低燃料的消耗除了合理起动，预热保温，平稳起步，缓慢加速，安全、合理地使用制动外，对挡位的选择也有一定的要求。即：使汽车以接近于各挡的经济车速行驶，在条件允许的情况下，尽量采用高速挡行驶等。

(3) 运行条件

汽车在不好的路面上行驶，油耗量将明显增加；在高原山区工作的汽车，由于空气稀薄，充气量不足，发动机功率下降，油耗也将增加。这就说明运行条件对汽车的油耗量的影响很大。随着运行条件的不同，克服行驶阻力所消耗的功率以及发动机的工况都将随之发生变化。

6.3 汽车制动性

汽车制动性的好坏直接影响行车安全，也关系到汽车动力性的有效发挥。我们把汽车行驶时能在短距离内停车且维持行驶方向稳定性和在下长坡时能维持一定车速的能力，称为汽车的制动性。

重大交通事故往往与制动距离太长、紧急制动时发生侧滑等情况有关，故汽车的制动性是汽车安全行驶的重要保障。只有在保证行车安全的前提下才能充分发挥汽车的其他使用性能。

6.3.1 汽车制动性的评价指标

汽车制动性的优劣主要从汽车的制动效能、制动效能的恒定性和制动时汽车方向的稳定性三个方面来评价。

1. 汽车的制动效能

汽车的制动效能是指汽车迅速降低车速直至停车的能力。一般用制动距离和制动减速度来评价。

①制动距离：是指汽车速度为 v_0 时，从驾驶员脚踏制动踏板开始到汽车停止行驶为止所经过的距离。它与汽车的行驶安全有直接的关系。

②制动减速度：是检验汽车制动效能的最基本的指标之一，其大小直接影响制动距离的长短。制动减速度的大小反映了地面制动力的大小，因此它与制动器制动力（车轮滚动时）及地面附着力（车轮抱死拖滑时）有关。

2. 制动效能的恒定性

汽车在高速制动、短时间重复制动或下长坡连续制动时，制动器的温度常在300℃以上，有时高达600℃~700℃，使摩擦片内的有机物发生分解，产生气体和液体，在摩擦表面形成有润滑作用的薄膜，此时制动器摩擦系数下降，摩擦力矩会显著减小，从而使制动效能显著下降，这种现象称为制动器的热衰退。制动效能的恒定性主要指的是行车制动系统抗热衰退的性能。

抗热衰退的性能与制动器摩擦副材料及制动器结构有关。热衰退是目前制动器不可避免的现象，只是程度上有所差别。盘式制动器由于有较好的散热效果，良好的制动稳定性，因而在高速轿车中广泛应用。

3. 制动方向的稳定性

制动方向的稳定性是指汽车在制动过程中维持直线行驶的能力或按预定弯道行驶的能力。制动方向的稳定性是用制动时不应发生制动跑偏、侧滑以及失去转向能力的性能来衡量。

①制动跑偏：是指制动时原期望汽车按直线方向减速停车，但有时汽车却自动向左或向右偏驶的现象。跑偏的现象多数由于技术状况不佳而造成的，经过维修、调整是可以消除的。

②制动侧滑：是指汽车制动时某一轴的车轮或者两轴的车轮发生横向滑动的现象。侧滑与车辆设计、车速及路面状况有关。一般在较高的车速或较滑的路面上制动时，也可能发生后轴侧滑。

制动跑偏和制动侧滑的区别在于：制动跑偏时虽然行驶方向出现了偏离，但车轮与地面没有产生相对滑移现象。严重的跑偏有时会引起后轴侧滑，易于发生侧滑的汽车也有加剧跑偏的趋势。

③制动时失去转向能力：是指制动时不能按预定弯道行驶和转向，而沿切向方向驶出，或直线行驶制动时转动方向盘不能改变方向仍按直线行驶的现象。制动时失去转向能力主要是由于转向轮抱死而失去控制方向的作用。

制动侧滑与失去转向能力有着非常密切的联系。理论分析与实践证明：制动过程中若只有前轮抱死或前轮先抱死拖滑，汽车基本能维持直线减速行驶或停车，不会产生严重的侧滑现象，但此时驾驶员转动方向盘无效，失去控制方向的能力，对在弯道行驶的汽车是十分危险的；若后轮比前轮提前一定时间先抱死拖滑，汽车在轻微侧向干扰力作用下就会引起后轮侧滑，特别是高速制动，易产生剧烈的回转运动，即制动"甩尾"现象，路面越滑、制动距离和制动时间越长，后轴侧滑就越剧烈。

采用自动防抱死装置和制动力自动分配装置的控制系统可以有效地防止或减少上述三种情况的出现，从而使汽车在紧急制动时保持良好的方向稳定性。

6.3.2 影响制动性的因素

1. 轴间负荷分配

汽车制动时，前轴负荷增加，后轴负荷减小。如果前、后轮制动器的制动力根据轴间负荷的变化分配，符合理想分配的条件，则前、后轮同时抱死。如果前、后轮制动器的制动力的比例为定值，则只有在具有同步附着系数的路面上，前、后轮才能同时抱死。

2. 汽车载重量

汽车的制动距离会由于载重量的不同而发生差异。实践证明，对于载重量为 3 t 以上的汽车，大约载重量每增加 1 t，其制动距离平均增加 1 m。另外，同一辆汽车，由于装载的重量和方式不同而质心位置变动，也会影响汽车的制动距离。

3. 车轮制动器

车轮制动器的摩擦副、制动毂的构造和材料，对于制动器的摩擦力矩和制动效能的热衰退都有很大影响。在设计制造中应选用好的结构型式及材料，在使用维修中也应注意摩擦片的选用。

4. 制动初速度

制动初速度高时，需要通过制动消耗的动能也大，故制动距离会延长。制动初速度越高，通过制动器转化产生的热量也越多，制动器的温度也越高，导致制动力衰减，制动距离增长。

5. 发动机的制动效果

发动机的制动效果对汽车制动性的影响很大，它不仅能在较长时间内发挥制动作用减轻车轮制动器的负担，而且由于差速的作用可防止侧滑甩尾的可能性。此外，在行车中显著减少车轮制动器的使用次数，改善了驾驶条件；同时又能经常保持车轮制动器处于低温而能发挥最大制动效果的状态，以备紧急制动时使用。

6. 道路条件

当制动的初速度相同时，随着路面附着系数的减小，制动距离随之增加。汽车在冰雪路面制动时方向稳定性变坏，应加装防滑链，并利用发动机制动。

7. 驾驶技术

在制动时，如迅速交替地踩下和放松制动踏板，即可提高其制动效果。在紧急制动时，驾驶员如能急速踩下制动踏板，则制动系的协调时间将缩短，从而缩短制动距离。在滑溜路面上不可猛踩制动踏板,以免因制动力过大而超过附着系数,导致汽车侧滑。

8. 制动力的调节和车轮防抱死

为了防止制动时后轮抱死而发生危险的侧滑,以及减少前轮失去转向能力的倾向和提高制动系效率,在现代汽车制动系中装有限压阀、比例阀、ABS 等压力调节装置。

6.4 汽车通过性

汽车的通过性又称越野性,是指汽车能以足够高的平均车速通过各种坏路及无路地带的能力,如通过松软地面(松软的土壤、沙漠、雪地、沼泽地)等、坎坷不平地段和各种障碍(陡坡、侧坡、灌木丛、壕沟、台阶)等。

6.4.1 汽车通过性的间隙失效与几何参数

1. 间隙失效

汽车通过性的间隙失效是指汽车与地面间的间隙不足而被地面托住,无法通过的现象。间隙失效可分为以下几种情况:

①顶起失效:因车辆中间底部的零部件碰到地面而被顶起的现象。

②触头失效与托尾失效:因车辆前端触及地面而使汽车不能通过的现象称为触头失效;因车辆后端触及地面而使汽车不能正常通行的现象称为托尾失效。

2. 几何参数

汽车通过性几何参数主要包括最小离地间隙、接近角和离去角、纵向通过半径和横向通过半径、最小转弯半径和内轮差等。这些几何参数因汽车的类型、结构、运行条件的差异而有所不同,表 6-2 所列举的是不同类型汽车对部分几何参数的要求。

表 6-2 不同类型汽车对部分几何参数的要求

汽车类型	最小离地间隙/mm	接近角/(°)	离去角/(°)	纵向通过半径/m
4×2 轿车	150~220	20~30	15~22	3.1~8.3
4×4 轿车、吉普车	210~370	45~50	35~40	1.7~3.6
4×2 货车	250~300	25~60	25~45	2.3~6
4×4、6×6 货车	260~350	45~60	35~45	1.9~3.6
4×2 客车	220~370	10~40	6~20	4~9

6.4.2 汽车通过性的影响因素

影响汽车通过性的主要因素包括结构因素和使用因素两个方面。

1. 结构因素

(1) 发动机

汽车通过坏路或无路地带时,要克服较大的道路阻力,提高汽车的通过性,就必须提高单位汽车发动机扭矩或提高比功率。

（2）传动系传动比

增大传动系传动比，达到增大驱动力的目的。所以一方面将越野汽车设有副变速器或分动器；另一方面增大越野汽车传动系的总传动比来降低最低稳定的车速，减小车轮对松软路面的冲击，减少由此引起的土壤剪切破坏的概率，提高汽车通过坏路或无路地段的能力。

（3）液力传动

装有液力变矩器的汽车，起步时转矩增加平缓，避免了对路面的冲击；同时，不用换挡也能提高转矩，可以有效地提高汽车的通过性。

（4）差速器

采用高摩擦差速器，可以使转得较慢的车轮得到较大的驱动力，从而使总驱动力增加，有利于提高汽车的通过性。若采用差速锁，两边车轮的驱动力可以按各自的附着力来分配，改善通过性的作用更明显。

（5）涉水能力

为了提高汽车的涉水能力，应注意发动机的火花塞、蓄电池、曲轴箱通风口、机油尺等处的防水密封，并保证空气滤清器不进水。

（6）前后轮距

若前、后轴采用相同的轮距，且轮胎宽度相同时，后轮可以沿前轮压实的轮辙行驶，从而使全车的行驶阻力减小，以提高通过性。

（7）驱动轮的数目

增加驱动轮的数目，可以提高相对附着重量，获得较大的驱动力。越野汽车均采用全轮驱动。

2. 使用因素

（1）轮胎气压

汽车在松软路面上行驶时，为了使轮胎与路面的接触面积增加，降低轮胎对路面的压力，使路面变形和轮胎受到的道路阻力减少，可采用降低轮胎气压的方法。而在硬路面上行驶时，应适当地提高轮胎气压，这样可以减小轮胎变形，使行驶阻力减小。

（2）轮胎花纹

轮胎花纹对附着系数影响很大。越野汽车应选用具有宽而深花纹的轮胎，这是因为在松软路面上行驶时，轮胎花纹嵌入土壤，使附着能力提高；而汽车在潮湿路面上行驶时，只有花纹的凸起部分与路面接触，提高了单位压力，有利于挤出水分，提高附着系数。

（3）拱形轮胎

在专用越野汽车上，不少使用了超低压的拱形轮胎。在相同轮辋直径的情况下，超低压拱形轮胎的断面宽度比普通轮胎要大 2~2.5 倍，轮胎气压很低（只有 29.4~83.3 kPa）。若用这种轮胎代替并列双胎，其接地面积可增加到 3 倍。拱形轮胎在沙漠、雪地、沼泽、田间行驶有良好的通过性，但在硬路面上行驶，会使行驶阻力增加，且易损坏轮胎。

（4）驾驶技术

驾驶技术对汽车通过性影响很大。为提高通过性，应注意以下几点：

①汽车通过松软地段时,应尽量使用低速挡,以便汽车具有较大的驱动力和较低的行驶速度,尽量避免换挡和加速,尽量保持直线行驶。

②驱动轮是双胎的汽车,如因双胎间夹泥而滑转,可适当提高车速,以甩掉夹泥。

③若传动系装有强制锁止式差速器,应在汽车进入车轮可能滑转地段之前挂上差速锁。如果已经出现滑转再挂差速锁,土壤表面已被破坏,附着系数下降,效果会显著下降。当汽车离开坏路地段,应及时脱开差速锁,以免影响转向。

④汽车通过滑溜路面,可以在驱动轮轮胎上套上防滑链条,以提高车轮的附着能力。

6.5 汽车舒适性

汽车舒适性,是指汽车在一般速度范围内行驶时,能保证车内乘员不会因车身振动而引起不舒服和疲劳的感觉,以及保持所运货物完整无损的性能。汽车舒适性从广义的范围来讲,还包括车辆的各项装备给车内乘员带来的便利性和愉悦性,与车辆配置有关。而汽车舒适性从狭义的范围讲,也称为汽车行驶的平顺性。行驶平顺性既是决定汽车舒适性最主要的方面,也是汽车性能的主要指标。本部分主要介绍狭义的汽车舒适性,也就是汽车平顺性。

汽车作为一个复杂的多质量振动系统,其车身通过悬架的弹性元件与车桥连接,而车桥又通过弹性轮胎与道路接触,其他如发动机、驾驶室等也是以橡胶垫固定于车架上。在激振力作用(如道路不平而引起的冲击和加速、减速时的惯性力等)以及发动机振动与传动轴等振动时,系统将发生复杂的振动。这种振动对乘员的生理反应和所运货物的完整性,均会产生不利的影响。

车身振动频率较低,共振区通常在低频范围内。为了保证汽车具有良好的平顺性,应使引起车身共振的行驶速度尽可能地远离汽车行驶的常用速度。振动产生的动载荷,会加速零件磨损乃至引起损坏;此外,振动还会消耗能量,使燃料经济性变坏。因此,减少汽车本身的振动,不仅关系到乘坐的舒适和所运货物的完整,而且关系到汽车的运输生产率、燃料经济性、使用寿命和工作可靠性等。

6.5.1 汽车舒适性的影响因素

1. 振动及其传递途径

舒适性问题可以用图6-4来分析。行驶中的汽车是一个复杂的"振动系统",振动的发生源主要有凹凸不平变化的路面、不平衡轮胎的旋转、不平衡传动轴的旋转以及发动机的扭矩变化等。这些因素引起的振动大多与车速相关,尤其是凹凸不平路面引起的振动,随着车速的变化,振动的频率和强弱会产生相应的变化。

图6-4 汽车振动系统框图

上述诸多"信号"不断地"输入"行驶中的汽车,而汽车又可以看作由轮胎、悬架、坐垫等弹性、阻尼元件和悬架质量及非悬架质量构成的"振动系统"。各种"输入"信号沿不同的路径传至乘员人体,其主要传递路径如图6-5所示。

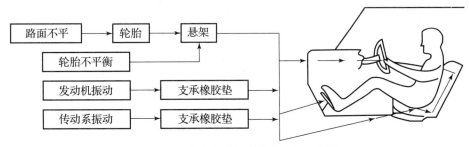

图6-5 汽车行驶振动传递路径示意图

因路面、轮胎产生的振动,先传到悬架,受悬架自身的振动特性影响后再传给车身,通过车身传到车内乘员的脚部。同时通过座椅传给车内乘员的臀部和背部,还通过转向系,以转向盘抖动的形式传到驾驶员手部。

因发动机、传动系产生的振动,通过支承发动机、变速器和传动轴的缓冲橡胶垫,经衰减后传给车身,再经上述途径传至人体各个部位。

当振动频率超过40 Hz以上,便形成噪声传进人的耳朵。作为系统的"输出",使人体或货物受到振动,其中最重要的是振动的频率和振动加速度。由物理学知识可知,任何一个"振动系统"均有一个"固有频率",当外界激振信号的频率接近或等于"固有频率"时,将出现"共振"现象,产生剧烈的振动。研究汽车行驶平顺性,实际上要解决两方面的问题:一是如何避免汽车这个"振动系统"的"共振"现象,这既要影响汽车操纵稳定性,也要影响汽车行驶平顺性;二是使"振动系统"输出的振动频率避开人体敏感的范围,振动加速度不超过人体所能承受的强度。

2. 人体对振动的反应

人体是一个复杂的机械振动系统,人体对振动的反应既与振动频率及强度、振动作用方向和暴露时间有关,也与人的心理、生理状态有关。

6.5.2 汽车舒适性的评价指标

我国参照 ISO 2631 制定了《汽车平顺性随机输入行驶试验方法》,用于测定汽车在随机不平的路面上行驶时振动对乘员及货物的影响,国标中用加速度均方根值给出了在1~80 Hz振动频率范围内人体对振动反应的三个不同界限。

①暴露极限:当人体承受的振动强度在这个极限之内,将保持健康或安全。通常把此极限作为人体可以承受振动量的上限。

②疲劳-工效降低界限:该界限与保持工作效能有关。当驾驶员承受的振动强度在此界限之内时,能准确灵敏地反应并正常地驾驶。

③舒适降低界限:此界限与保持舒适有关,在这个界限之内,人体对所暴露的振动环境主观感觉良好,能顺利地完成吃、读、写等动作。

6.5.3 汽车舒适性的影响因素

1. 路面凹凸引起的振动

因路面有水泥、沥青、砂砾,所以容易引起振动。

2. 悬架系的振动

弹性元件与减振器的性能也会引起汽车振动。

3. 轮胎

轮胎并不是纯圆滚动,故其成了振动源。径向差、重量上的不均匀叫"不平衡"。

4. 驱动系的振动

振动源:发动机旋转扭矩变化、传动轴万向节角速度变化(引起传动扭矩变化)和传动轴不平衡运转。
①发动机支承橡胶垫的弹簧刚度。
②传动轴的联轴角的大小和相位。

5. 发动机振动

往复式发动机的工作过程,是把直线运动变成旋转运动。由于各缸曲柄等件的不均衡的惯性力的作用,必然要产生振动。消除措施:加大飞轮质量,多气缸化和为抵消不平衡而添加曲轴平衡块。

6. 座椅的布置

车身中部的位置振幅较小。座椅在高度方向上应尽量缩短与重心间的距离。对较硬悬架的汽车,可采用较软的坐垫。

7. 悬架质量

①可通过发动机前移且行李箱后移的方式平均各悬架所承受的质量,提高车辆舒适性。
②可通过减少簧下质量提高车辆的舒适性。

6.6 汽车操纵稳定性

汽车操纵稳定性是指在驾驶员不感到过分紧张、疲劳的条件下,汽车能按照驾驶员给定方向行驶的能力,以及对各种企图改变其行驶方向的外界干扰的抵抗的能力。汽车操纵稳定性不仅影响汽车能否如意驾驶,而且也是保证汽车高速安全行驶的一个主要性能。汽车操纵稳定性包括密切相关的两个部分,即操纵性和稳定性。汽车稳定性的好坏直接影响操纵性的好坏,二者互相联系,很难分开,都直接影响汽车达到行驶安全和汽车动力性的发挥。

汽车操纵性是指汽车对驾驶员转向指令的响应能力,直接影响到行车安全。轮胎的气压和弹性、悬架装置的刚度以及汽车重心的位置都对该性能有重要影响。

汽车稳定性是指汽车在受到外界干扰后,恢复原来运动状态的能力,以及抵御发生倾覆和侧滑的能力。对于汽车来说,侧向稳定性尤为重要。当汽车在横向坡道上行驶,转弯以及受其他侧向力时，容易发生侧滑或者侧翻。汽车重心的高度越低，稳定性越好。合适的前轮定位角度使汽车具有自动回正和保持直线行驶的能力，提高了汽车直线行驶的稳定性。装载超高、超载，转弯时车速过快，横向坡道角过大以及偏载等，都容易造成汽车侧滑及侧翻。

6.6.1 汽车稳态转向特性

汽车稳态转向特性是指由驾驶员操纵方向盘，转过某一角度并保持这个角度不变，经过一段时间汽车达到稳定的等速圆周行驶状态，且不随时间而改变。弹性车轮的侧向偏离，使汽车的实际转向特性与刚性车轮有明显差异。汽车转向行驶时，离心力等侧向力引起弹性车轮的侧向偏离，汽车的运动轨迹亦将偏离转向轮给定的方向。汽车转向特性有以下 3 种类型：

1. 中性转向

转向盘保持某一固定转角，令汽车以不同的固定车速行驶，其转向半径不变，称为中性转向。

汽车在直行中，遇到侧向力作用，车轮发生侧向偏离，会驶出路面。欲使汽车沿路面纵向中心线行驶，应转动转向盘，向侧向偏离相反方向转动，再回正方向，才能使汽车正常直行。

具有中性转向的汽车，当受到侧向力作用时，没有阻止侧偏的作用，使驾驶员操作频繁，而且有突发性变化时，很容易转变成过多转向。

2. 不足转向

当使方向盘保持某一固定的转角，令汽车以不同的固定车速行驶，随着汽车车速的提高，转向半径将不断增大，称为不足转向。

具有不足转向特性的汽车直行时，遇到侧向力作用时，会发生侧向偏离，经过受力分析知，有阻碍侧偏的作用。当侧向力消失后，能使汽车自动回正。所以，不足转向特性的汽车在受到干扰时，具有良好的保持直行能力，具有良好的操纵性。

3. 过多转向

当使方向盘保持某一固定的转角，令汽车以不同的固定车速行驶，转向半径变小，随着汽车车速的提高，转向半径越来越小，称为过多转向。

具有过多转向特性的汽车在直行时，受到突发侧向力的干扰。经过受力分析知，使侧偏现象更为严重，这将导致转向半径进一步缩小，在某个临界车速时，这种恶性循环能不断进行下去，汽车会出现急转，发生侧滑，汽车完全失去操纵。

具有过多转向特性的汽车，若不及时纠正方向，容易侧翻或侧滑，尤其是当汽车车速超过某一车速后，稍有微小的前轮转角，也会导致汽车调头甩尾，而且转向半径越来越小，使驾驶员难以操纵。

汽车应具有一定的不足转向特性，才能保持行车安全。为了使汽车具有一定不足转向特性，在总布置设计中应注意重心位置。重心到前、后轴的距离，决定了转弯时离心力在前、后轴的分配，因而直接影响前后轮侧偏角。轮胎的气压对侧偏角影响很大，气压低，侧偏角大。

综上所述，影响汽车操纵稳定性的因素主要有重心的位置、汽车的轴距、轮距、道路状况、前轮定位的调整、轮胎的弹性和技术状况、装载情况和行驶速度等。

6.6.2 汽车行驶时的翻倾和整车侧滑

1. 汽车的纵向翻倾

汽车等速上坡行驶时，当前轮的法向反作用力 $F_{Z1}=0$ 时，汽车便开始绕后轮与地面接触中心点向后翻倾，通常称为纵翻。

正常装载的汽车，不会发生纵翻。但是，如果装载不合型，使汽车的质心过高，又过分靠后，则有可能发生纵翻。

2. 汽车在弯道行驶时的侧翻和整车侧滑

为了提高汽车行驶的安全性，在公路的弯道处常筑有一定的横向坡度。

（1）汽车在离心力作用下的侧翻

汽车在具有横坡的弯道上等速转向运动时，当内侧的法向反作用力 $F_{z1}=0$ 时，汽车开始绕中心点向外侧翻倾，通常称之为侧翻。公路弯道处筑有适当的横坡，可提高不发生侧翻的极限车速，有利于行车安全。

（2）汽车在离心力作用下的侧滑

弯道处有适当的横坡，可提高允许车速，减少侧滑的发生。同时应看到，当路面湿滑时，φ_1 减小，允许车速降低，驾驶者应充分注意，以免发生侧滑的危险。

通常认为，在多数情况下，侧翻造成的危害比侧滑更大，为了安全起见，希望侧滑发生在侧翻之前。

3. 汽车在横坡直线行驶或静止时的侧翻

汽车在横向坡道直线行驶或静止时，如果横向坡度角超过某一值时，汽车将发生侧翻。降低质心高度 h_g，适当增大轮距 B，均有助于提高汽车的抗侧翻能力。

6.7 新能源汽车评价参数

新能源汽车有油电混动、纯电以及替代燃料等几种类型，评价新能源汽车时既需要参考传统汽车的参数进行科学评定，又需要结合车辆结构类型，采用不同的评价参数。新能源汽车的评价参数主要有续驶里程、驱动功率、充电时间以及使用便捷性等。

6.7.1 续航里程

续航里程是新能源汽车首要的评价参数，续航里程关系着车主的使用经济利益，也关系着整车的技术性能。

纯电动汽车续航里程是指车辆从充满电的状态下到实验结束时所行驶的距离，以 km 为单位。混合动力汽车的续航里程由纯电动行驶里程和燃油行驶里程两个部分组成。纯电动行驶里程也同样是评价一辆混合动力新能源汽车的重要参数。早期有些学者曾以纯电动续航里程来对混合动力汽车进行分类，纯电动续航里程越大的混合动力汽车被认为是性能更加优越的。此外，我国目前对新能源汽车混合动力的补贴也是以纯电力续航里程为基准的。

续航里程受多种因素影响，包括外部因素和内部因素。外部因素指的是车辆外部的运行环境对车辆的影响。比如：行驶路况的影响，路况差对续航里程有负面影响；道路的坡度影响，坡度越大，耗电量也越大，续航里程也越小；风向和风力大小影响，迎风状态下续航里程减小；车辆行驶时的气温以及道路温度也会影响到汽车动力电池的放电状态，如图6-6所示，从而影响续航里程。此外，道路的种类、交通拥挤状态以及驾驶员的驾车习惯都会影响到续航里程。

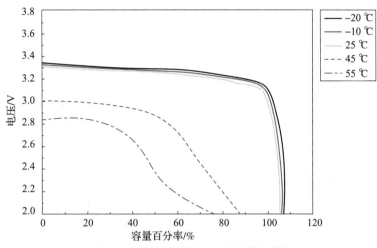

图6-6 蓄电池不同温度下的放电曲线

内部因素主要是指车辆自身的设计部件参数，其中最主要的是车辆设计动力电池容量与技术性能，此外还包括车辆本身的质量以及对能量的利用率等。动力电池性能评价参数主要是电池容量、电池类型以及电池电压等。

1. 动力电池容量

动力电池的容量一般指的是电池的额定容量，又称公称容量，是指动力电池在设计的放电条件下，电池保证给出的最低电量。这个参数表征了动力电池储存能量的能力，单位是 $kW·h$。

2. 动力电池类型

动力电池作为新能源汽车特别是纯电动汽车能源提供装置，是最为核心的部件。目前动力电池的能量密度、循环寿命、技术成熟度以及成本等关键性指标成为制约电动汽车大规模产业化的因素，动力电池在整个新能源汽车特别是纯电动汽车中的成本占到30%以上。目前市场上主流的动力电池主要有铅酸电池、镍氢电池、锂离子，不同电池的优缺点如表6-3所示。

表6-3 三种类型电池的优缺点

电池类型	优点	缺点
铅酸电池	可以进行大电流放电。使用温度范围很宽、可逆性好、原材料来源丰富、制造工艺简便、价格便宜	单位体积存储的电量较少，材料存在污染性且有毒

续表

电池类型	优点	缺点
镍氢电池	单位体积存储的电量多、可快速充放电。低温性能良好、可密封、耐过充过放能力强、安全可靠、对环境无污染、无记忆效应	价格高
锂离子	开路电压高（单体电池电压高达3.6~3.8 V）、同体积存储的电量比镍氢电池还要大。循环寿命长、无公害、无记忆效应、自放电小	过充放电的保护问题不易解决，成本高，不能进行大电流放电

3. 电池电压

电池电压是指新能源汽车中整个动力电池组的电压，用于衡量新能源汽车采用的导线质量以及电池自身容量的大小。新能源汽车动力电池是由很多的单个电池单元并、串联组成的，用于提高整个电池的容量和输出电压。新能源汽车需要提高输出电压来降低从动力电池到驱动电机之间电能的损耗，并减小传递电能导线的尺寸。

6.7.2 驱动功率

驱动功率是衡量新能源汽车动力性的重要指标，直接影响到新能源汽车的加速性能和最高车速。纯电动汽车的驱动功率唯一来源就是驱动电机；混合动力汽车的驱动功率在纯电动行驶模式由电机来提供，在混合动力驱动模式由发动机与电机的组合来提供。

目前应用在新能源汽车中的驱动电机主要有直流电动机、异步电动机、永磁同步电动机和开关磁阻电动机四种形式，其中永磁同步电动机是目前市场上新能源汽车的首选驱动电机。

驱动电机的参数关系到汽车的动力性能，电机输出功率的大小就类似于传统汽车内燃机的输出功率。输出功率越大，车辆行驶的最高车速越高；输出转矩越大，加速性能越好。

1. 电机最大功率

电机最大功率是指车用电机可以实现的最大功率输出，单位是kW。在纯电动汽车上，最大功率往往反映最高车速，用来描述汽车的动力性能，体现电机在瞬间超负荷运转的能力。纯电动汽车或混合动力汽车可能会搭载有2台及以上的电机。因为单电机随着功率的提升体积也会增加，影响车辆空间布置，所以齿轮机构将2台及以上电机进行组合实现动力的整体配合输出。有的车型会将2个电机分别用于汽车的前、后驱动轴上，即可能会出现一台电机输出的动力仅传递到前轮上，另一台电机输出的动力仅传递到后轮上的情况。

2. 电机最大转矩

电机最大转矩是电机最重要的参数，单位为N·m。功率与转速的关系同内燃机，电机功率、转矩与转速关系如图6-7所示。

6.7.3 充电时间

充电时间是评价新能源汽车的重要参数，是指采用指定的方式，对一辆电池电量处于最低状态的新能源汽车进行充满电所需要的时长。充电时间的长短也会影响到消费者对购买新能源汽车车型的选择意向。

充电时间的影响因素有本身车辆的电池容量、充电方式、充电时的环境因素等。电池容量越大，其相对应的充电时间也就会越长。

6.7.4 百公里耗电量

百公里耗电量也是评价新能源汽车的一个重要参数。与百公里油耗相似，百公里耗电量直接影响

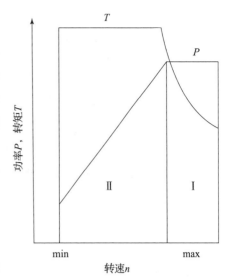

图 6-7 电机功率、转矩与转速关系

车辆的行驶里程，进而影响车辆的使用费用。《节能与新能源汽车技术路线图 2.0》中提出，到 2035 年乘用车（含新能源）新车平均油耗降至 2.0 L/100 km，纯电动汽车综合工况电耗小于 10 kW·h/100 km，插电混动汽车在电量维持模式条件下油耗不超过 3.8 L/100 km。

案 例 研 学

1. 请根据下表提供的数据，对比两款车的各项性能，回答以下问题。

序号	内容	车型 A	车型 B
1	加速（0~100 km/h）	7.5 s	7.1 s
2	刹车（100~0 km/h）	38.76 m	38.25 m
3	实测油耗（L/100 km）	9.9 L	9.29 L
4	最大功率	165 kW	208 kW
5	最大扭矩	350 N·m	400 N·m
6	最高车速	240 km/h	245 km/h
7	长度	5 050 mm	5 137 mm
8	宽度	1 886 mm	1 904 mm
9	轴距	1 475 mm	1 493 mm
10	整备质量	1 880 kg	1 995 kg
11	最小离地间隙	117 mm	122 mm
12	发动机排量	2.0 L	3.0 L
13	进气形式	涡轮增压	机械增压

续表

序号	内容	车型 A	车型 B
14	气缸排列形式	L4	V6
15	驱动形式	前置四驱	前置后驱
16	前悬架	五连杆独立悬架	双叉臂式独立悬架
17	后悬架	五连杆独立悬架	梯形控制臂多连杆

(1) 车型 A 和车型 B 的动力性哪个更好？你的依据是什么？

(2) 车型 A 和车型 B 的经济性哪个更好？你的依据是什么？

(3) 车型 A 和车型 B 的通过性哪个更好？你的依据是什么？

(4) 车型 A 和车型 B 的制动性哪个更好？你的依据是什么？

(5) 车型 A 和车型 B 的平顺性哪个更好？你的依据是什么？

网络助学

请扫描下方二维码,进一步学习发动机动力性对于整车动力性的影响、影响汽车加速度性的因素,了解汽车经济性及其影响因素、汽车舒适性及其影响因素、汽车制动性与操纵性的影响因素。

网络助学

课外拓学

请扫描下方二维码,了解新能源车双电机性能、提高汽车经济性小技巧、影响电动车续航里程的因素、轮胎对于车辆性能的影响、NVH 对于汽车舒适性的影响、影响汽车安全性的因素、汽车上影响汽车经济性的零件、车身尺寸对于车辆性能的影响。

课外拓学

实践操作

【车辆性能评判实训任务单】

实训准备:可上网的手机或电脑。		
实训目的:能够通过查询资料了解车型的各项性能参考因素,并简单评判车型技术参数。		
实训实施:请自行假定购车预算,通过网络等渠道搜集信息或查询资料,对比两台同级别车型各项参数,评判车型各项性能,也可自行添加对比参数。		

序号	内容	车型 A	车型 B
1	加速(0~100 km/h)		
2	刹车(100~0 km/h)		

续表

序号	内容	车型 A	车型 B
3	实测油耗（L/100 km）		
4	最大功率		
5	最大扭矩		
6	最高车速		
7	长度		
8	宽度		
9	轴距		
10	整备质量		
11	最小离地间隙		
12	发动机排量		
13	进气形式		
14	气缸排列形式		
15	驱动形式		
16	前悬架		
17	后悬架		
18	轮胎规格		
19			
20			
21			
22			
23			
24			
25			

通过对比：

(1) 两辆车中动力性更好的是：□车型 A □车型 B
你的理由是：_____

(2) 两辆车中经济性更好的是：□车型 A □车型 B
你的理由是：_____

(3) 两辆车中制动性更好的是：□车型 A □车型 B
你的理由是：_____

(4) 两辆车中通过性更好的是：□车型 A □车型 B
你的理由是：_____

(5) 两辆车中舒适性更好的是：□车型 A □车型 B
你的理由是：_____

续表

（6）两辆车中操纵稳定性更好的是：□车型 A □车型 B
你的理由是：＿＿＿＿＿＿＿＿＿＿＿＿＿＿＿＿＿＿＿＿＿＿＿＿＿＿＿＿＿＿

实训成绩：

教师签名：

任 务 总 结

【思维导图】

项目二习题

一、填空

1. 国Ⅵ标准从_____开始全国推行实施。
2. _____系统的作用是通过调节驱动轮的驱动力使汽车在各种行驶状况下都能获得最佳的牵引力,防止汽车起步、加速过程中驱动轮打滑。
3. _____功能可以在上下坡或频繁起步停车时提供适当的制动力,驾驶员抬起刹车踏板后仍能提供适当的驻车制动力。
4. 汽车动力性主要由_____、_____和_____这三方面的指标来评价。
5. 汽车通过性的间隙失效包括_____和_____两种情况。
6. 汽车制动性有_____、_____和_____三个评价指标。

二、选择

1. 驾驶员可利用下面哪项功能实现自动停车入位(   )?
   A. 自动驻车功能　　　　　　　　B. 自动泊车功能
   C. 自适应巡航功能　　　　　　　D. 倒车影像系统
2. 下列不属于主、被动安全系统的功能是(   )。
   A. 安全气囊　　　　　　　　　　B. 行人保护
   C. 并线辅助系统　　　　　　　　D. 驾驶模式选择系统
3. 下列不属于发动机参数的是(   )。
   A. 最大功率　　B. 接近角　　C. 最大扭矩　　D. 最大马力
4. 下列属于汽车燃油经济性评价指标的是(   )。
   A. 发动机功率　　　　　　　　　B. 百公里燃油效率量
   C. 每小时燃油效率量　　　　　　D. 有效热效率
5. 下列不属于汽车舒适性(平顺性)评价指标的是(   )。
   A. 暴露极限　　　　　　　　　　B. 疲劳-工效降低界限
   C. 路感　　　　　　　　　　　　D. 舒适降低界限
6. 下列哪个因素不是影响新能源汽车续航里程的内部因素(   )。
   A. 动力电池容量　　　　　　　　B. 环境温度
   C. 动力电池类型　　　　　　　　D. 电池电压

三、判断

1. 整车质保就是全车所有部件终身免费质保。(   )
2. 最大马力能描述发动机的经济性。(   )
3. 美国标准的 LATCH 固定方式有三个固定点。(   )
4. 最大爬坡度是汽车空载时所能克服的最大道路纵向坡度。(   )
5. 为了提高汽车经济性,变速器挡位设置应采用适当增加挡位数的方式。(   )
6. 汽车满载静止时,支承平面与汽车上的中间区域最低点之间的距离称为最小离地间隙。(   )

项目三
汽车的使用与维护

本项目主要介绍汽车各操纵机构的正确使用方法，汽车各种工作液的选用原则及汽车保养基础知识。学习完本项目后，应该能够在实车上正确操作各项功能，并根据车型和使用环境正确选择汽车工作液，了解汽车保养周期及对应的保养项目。

任务七

汽车的正确使用

小张购入一辆汽车，看着汽车上各种操纵机构和开关图标，小张无所适从，正常行驶该如何操作？仪表显示的各种符号是何含义？各辅助系统如何使用？……不明白这些会影响基本行驶，错误使用更可能损坏车辆甚至引起安全事故，且无法完全实现汽车的功能，不能物尽其用。如果是你，是否会出现和小张一样的问题？你会正确使用汽车吗？

知识目标：

1. 了解汽车各操纵机构使用的注意事项；
2. 了解汽车在特殊条件下的使用特点和注意事项；
3. 掌握燃油汽车和新能源汽车常见的仪表报警指示灯含义；
4. 掌握汽车各操纵开关图标的含义。

技能目标：

1. 能够在实车上正确对巡航功能、自动泊车功能、自动启停功能、电动座椅记忆功能、多媒体和信息娱乐系统等进行设定和操作；
2. 能够在实车上正确使用离合器、变速杆、方向盘、制动踏板、驻车制动、灯光、空调、雨刮、座椅、点火开关、安全带、后视镜等；
3. 能够正确使用汽车轮胎；
4. 能够正确地在特殊条件下使用汽车。

理论学习

 7.1 汽车操纵机构的使用

7.1.1 离合器的使用

1. 起步时

先将离合器踏板踩到底，使离合器彻底分离。

然后抬起离合器踏板，其过程分三个阶段：

"一快"：开始要快抬，直至半联动状态。

"二慢"：感到半联动状态后，开始放慢速度。

"三联动"：与此同时，逐渐踩下油门踏板，使汽车平稳起步。

2. 换挡时

迅速踩下离合器踏板并抬起，避免出现半联动状态、增加离合器的磨损。

3. 减速制动时

先踩下制动踏板，车速降到 20 km/h 以下时，踩下离合器踏板，使汽车平稳停下。

4. 注意事项

除起步、换挡和低速制动时以外，不要习惯性地踩离合器。

搭载手动变速器的汽车踏板如图 7-1 所示。

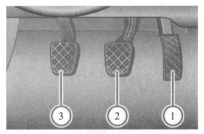

图 7-1　装有手动变速器的汽车踏板

1—油门踏板；2—制动踏板；
3—离合器踏板

7.1.2　手动变速器的使用

1. 变速杆的握法

右手的掌心贴住球头，五指自然将球头握住；不可握得太紧，以便适应不同挡位用力方向的需要。

操纵变速杆时，两眼注视前方（切记不要盯着挡位换挡），右手以手腕的力量准确地推入和拉出挡位。

2. 变速器的操作方法

不同车型的挡位设置略有差别，图 7-2 为两款不同的手动变速器变速杆。操作时移动方向基本一致：变速杆左右移动选挡，前后移动换挡。如图 7-3 所示。

因手动变速器换挡需结合离合器的操作，因此需要手脚协调配合，才能完成换挡。

(a)　　　　　　　　　　　　(b)

图 7-2　手动变速器变速杆

(a) 五挡变速器；(b) 六挡变速器

变速器的操作方法如下：

（1）起步前

熟悉各挡位位置，避免行车时因确认挡位而分散注意力。

（2）起步时

将离合器踏板踩到底，变速杆平行拉至最左端后再向前推，挂入一挡。

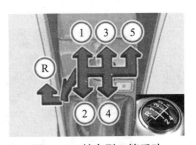

图 7-3 某车型 5 挡手动变速器挡位示意图

1, 2, 3, 4, 5—1~5 挡；R—倒挡

（3）前进挡

步骤如下：踩离合，松油门，换挡，抬离合，加油。

升挡：根据汽车车速和发动机转速，将挡位按顺序依次升挡。

减挡：当车速下降到某一个挡位的范围时，即可直接挂入该挡。

（4）挂倒挡

车辆完全停稳方可挂倒挡。

先解锁倒挡锁止机构，将离合踏板踩到底，再缓慢抬起，控制离合器半联动来掌握车速，注意不可快速倒车以免发生危险。

常见的倒挡锁有直挂式（压缩倒挡弹簧解锁）、按压式、提拉式和按钮式，如图 7-4 所示。

图 7-4 手动变速器倒挡的解锁方式

1—直挂式；2—按压式；3—提拉式；4—按钮式

7.1.3 自动变速器的使用

1. 换挡杆形式

换挡杆的形式多样，目前应用较为广泛的有机械式直排挡、电子排挡、旋钮挡，个别车型使用按键挡、方向盘换挡，或增加拨片换挡，如图 7-5 所示。

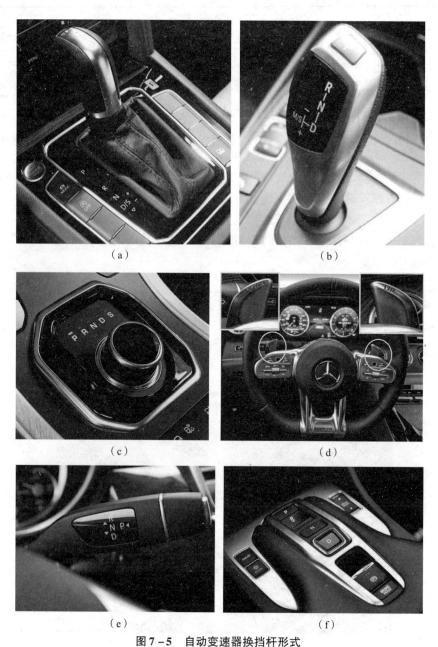

图 7-5 自动变速器换挡杆形式

(a) 机械式直排挡；(b) 电子排挡；(c) 旋钮挡；(d) 换挡拨片；
(e) 方向盘换挡；(f) 按键挡

2. 各挡位的使用

（1）P——驻车锁止挡

变速箱传动齿轮被锁止，长时间停车需挂 P 挡。

无论移入还是移出挡位 P，都需要踩住制动踏板，一些车型需按下解锁按钮或下压换挡手柄（视换挡杆形式而定）。

注意：

①汽车停稳后方可移入 P 挡，打开点火开关后才能移出 P 挡。
②切忌在 P 挡位时推车、拖车。
③坡道上停车，必须先拉手刹再挂 P 挡。

（2）R——倒车挡

汽车完全停稳，踩住制动踏板，多数车型需解锁锁止按钮，方可操作。

（3）N——空挡

空挡时无动力传递到汽车的驱动轮，在短时间停车时或拖车时使用。切忌空挡滑行。

（4）D——标准前进挡

前进挡时，变速箱根据发动机负荷、个人驾驶方式及车速自动上下换挡。
换挡时切忌踩油门，车辆停驻不可长时间挂 D 挡。

（5）S——标准前进挡（运动换挡模式）

变速杆位于该位置时与在位置 D 时相比自动滞后换入高挡，提前换入低挡，充分利用发动机的动力。通常应用于爬坡和快速超车时。

（6）"＋/－"挡

手自一体变速器把换挡杆切换至"M"挡位，即可使用手动换挡模式，然后根据情况，使用"＋/－"挡进行升降挡操作。

正确使用手自一体变速器的手动换挡模式，可以改善车辆的燃油经济性，增加驾驶乐趣，如：

①下坡时使用低挡位，利用发动机制动，保障行车安全；
②上坡时使用 1 挡，应对频繁的斜坡起步；
③加速超车时降挡，借助低挡位的高扭矩瞬间提速，更快地完成超车动作。

7.1.4　方向盘的使用

使用时两手轻握方向盘左上方和右上方，大拇指自然伸直靠于方向盘轮缘上部，其余四指应由外向内轻握。方向盘可通过其下部调节机构调整位置。

驾驶时要稳住方向盘以掌控行驶方向，高速行车切忌急打方向盘。

目前，在中高档汽车普遍应用多功能方向盘，驾驶员可以在手不离开方向盘的前提下，利用其上的集成功能键，操作音响、车载电话、定速巡航、行车电脑、人机交互等功能，如图 7-6 所示。

图 7-6　多功能方向盘按键功能

7.1.5 制动操纵机构的使用

1. 制动踏板

制动踏板也叫脚刹,用于使汽车减速。使用要领及注意事项如下:

①行驶中不能长期把脚放在制动踏板上。

②行驶中要有预见性,尽量避免紧急制动、高速行驶时制动,并要根据实际情况保持安全的车距。

③遇紧急情况时应先制动后调整方向进行躲避。

④进入弯道前先减速,避免转弯时制动,以免发生侧滑。

2. 制动拉杆

制动拉杆也叫手刹,用于保持汽车的停驻状态。

大部分制动拉杆位于前排两座椅之间,如图7-7所示。使用方法如下:

①制动:将拉杆向上拉紧,以防汽车滑移。

②解除:放下拉杆需用拇指压下制动拉杆顶端的按钮,完全放到底部,制动完全解除。

③制动稳定后可少量放下拉杆,保证不溜车即可,避免过度拉伸损坏手刹拉线。

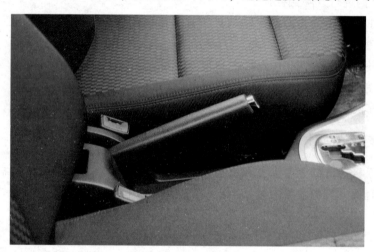

图7-7 驻车制动拉杆

3. 电子驻车

电子驻车也叫电子手刹、一键驻车,可通过电子控制实现停车制动。

图7-8(a)为一种常见的电子驻车开关,操作方法如下。

①打开电子驻车制动器:按压开关 (P),按钮背景光与仪表指示灯 (!) 点亮,表示功能开启,如图7-8(b)所示。

②关闭电子驻车制动器:打开点火开关后按压开关 (P),同时踩住制动踏板,直至按钮和组合仪表内的指示灯均熄灭,电子驻车关闭。

③汽车起步时,电子驻车制动功能自动关闭。

 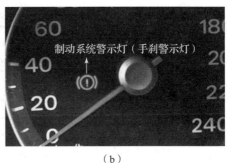

（a） （b）

图 7-8 电子驻车制动按钮及其在仪表中的警示灯

(a) 电子驻车制动按钮；(b) 电子驻车仪表警示灯

④应急制动功能：车速高于 8 km/h 时按压按钮 (P) 即可激活应急制动功能，利用驻车制动器对汽车强制制动。松开按钮或踩油门踏板立即解除。

7.1.6 照明与信号系统的使用

1. 车灯开关样式

车灯开关主要有两种样式：拨杆式和旋钮式。如图 7-9 所示。大部分车型采用拨杆式车灯开关，开启车灯时，需要将拨杆外侧旋钮向逆时针方向拧。旋钮式灯光开关在德系车型上比较常见，位置在中控台左侧出风口下方，开启车灯时需要将旋钮顺时针旋转。

 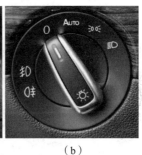

（a） （b）

图 7-9 车灯开关样式

(a) 拨杆式；(b) 旋钮式

2. 车灯图标含义

不同车型灯光开关上的图标基本一致，如图 7-10 所示。

3. 灯光的使用

（1）打开示宽灯

将车灯开关转到 ⇉D⇇ 位置。

示宽灯对外指示车的宽度，一般在傍晚行驶时使用。

（2）接通近光灯或远光灯（行车灯）

近光灯：将车灯开关转到 ≡D 位置。需在点火开关已打开的情况下才会亮起。

远光灯：向前按压拨杆即开启，将拨杆拉回到起始位置即关闭。需超车可将拨杆拉向方向盘，松开拨杆即关闭。正常使用需先开启近光灯，瞬时使用无此限制。

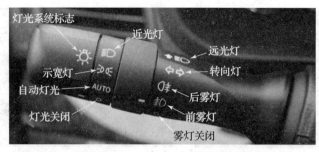

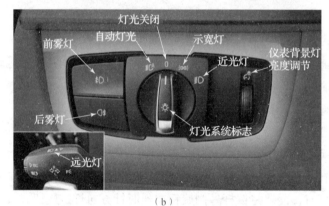

图 7-10 车灯图标含义

(a) 拨杆式；(b) 旋钮式

(3) 关闭车灯

将车灯开关转到位置 O。

(4) 自动行车灯 (AUTO)

将车灯开关转到 AUTO 位置，则行车灯会根据环境亮度自动接通或关闭。

注意：光线传感器不能识别诸如下雨、起雾等情况，仍需配合手动控制灯光。

(5) 雾灯

拨杆式开关，先将开关转到 ⧇ 位置或 ⧇ 位置，方可接通 ⧇ 开关，如图 7-11 所示，此时前雾灯打开。再将旋钮转到 ⧇ 位置或 ⧇ 位置，此时前后雾灯均打开。

图 7-11 拨杆式前雾灯开启

大众车型使用的旋钮式雾灯开关，先将旋钮转到 ⧇ 位置或 ⧇ 位置，然后拉出旋钮，此时前雾灯打开，再拉一下旋钮，前后雾灯均开启，如图 7-12 所示。

图 7-12 大众车型旋钮式雾灯开启

注意：前雾灯可以单独开启，而后雾灯只能与前雾灯同时开启，无法单独开启。为了不使后面随行车辆驾驶员炫目，需根据法规要求使用后雾灯。

（6）仪表照明

仅在车灯已打开的情况下才能调节仪表亮度。如图 7-13 左侧开关所示，上下旋转旋钮调节亮度。

图 7-13 仪表亮度和大灯照明距离调节开关

（7）大灯照明距离调节

近光灯已接通的情况下，转动旋钮到所需要的设定位置，如图 7-13 右侧开关所示。其设定位置大致相当于以下负荷状态：0——汽车前排有人，行李箱空载；1——汽车满员，行李箱空载；2——汽车满员，行李箱满载；3——汽车只有驾驶员，行李箱满载。

注意：驾驶员应依据车上负荷情况来调节大灯照明的距离，避免引起对向来车驾驶员炫目。特别是汽车负荷较大时，务必要将大灯调低。

（8）闪烁报警装置

用于提示其他道路使用者对本车加以注意。

按压开关 ⚠️，如图 7-14 所示，即可开启，此时，仪表指示灯 ⇦ ⇨ 和开关上指示灯 ⚠️ 同时闪烁。此装置在点火开关关闭时也可工作，触发安全气囊时会自动工作。

以下情况建议开启：

①堵车时本车是最后一部车。

②汽车有故障或有紧急情况。

③被其他车牵引或牵引其他汽车。

（9）转向信号灯

点火开关打开后，驾驶员拨动拨杆到限位位置可开启该灯光。仪表内对应的指示灯 ⇦ 或 ⇨ 也一起闪烁。

图 7-14 闪烁报警装置的开关

向上拨,右转向灯闪烁;向下拨,左转向灯闪烁,如图 7-15 所示。

短促拨动再松开,转向信号灯闪烁三次;保持不动,转向信号灯可持续闪烁。松开后停止闪烁。

转向时开启,待方向盘回正后,转向信号灯会自动关闭。

(10) 车内照明灯

车内照明灯包括前部车内照明灯、手套箱照明灯、驾驶员和副驾驶员阅读灯。

前部车内照明灯的翻转开关 A (如图 7-16 所示) 有下列功能:

①车门接触开关:驾驶员将开关 A 置于中间位置,即可开启。

汽车解锁、车门开启,或拔出点火钥匙时,车门接触开关即接通照明灯。关闭车门后约 30 s 后,车内照明关闭。若车门一直开启,车内照明持续 10 min 后自动关闭,避免蓄电池过度放电。

②接通车内照明灯:将开关 A 置于位置 I。

③关闭车内照明灯:将开关 A 置于位置 ○。

④前部阅读灯:按压 B 中按钮,控制相应位置的阅读灯。

手套箱照明灯:随手套箱的开启或关闭,手套箱照明灯自动开关。

后部阅读灯:用按钮控制相应位置的阅读灯,如图 7-17 所示。

行李箱照明:随行李箱盖开闭,照明灯自动开关,如图 7-18 所示。如果行李箱盖打开时间超过 10 min,则此照明灯自动关闭。

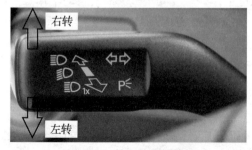

图 7-15 转向信号灯拨杆

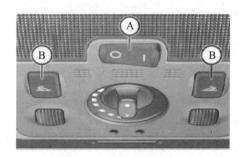

图 7-16 车内前部照明开关

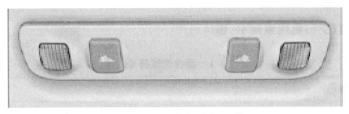

图 7 – 17　后部阅读灯开关

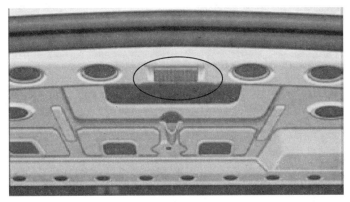

图 7 – 18　行李箱照明开关

7.1.7　仪表与报警装置的使用

1. 仪表与报警装置

目前燃油汽车上多采用电子组合仪表，其显示内容丰富，可为驾驶员提供高精度的数据信息，具有一"表"多用的功能。

组合式仪表是由仪表、计量表、警告信号和指示信号组成。图 7 – 19 为 2021 款大众速腾组合仪表盘。

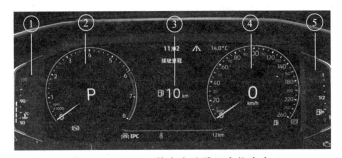

图 7 – 19　2021 款大众速腾组合仪表盘

①为发动机冷却液温度表。
②为发动机转速表（显示值 × 1 000 为发动机每分钟转速）。
③表示剩余燃油可行驶里程。
④为车速表。
⑤为燃油表。
组合仪表符号功能，如表 7 – 1 所示。

一般情况下，符号灯光的颜色代表其故障程度：红色代表危险/重要提醒，黄色代表警告/故障，绿色/蓝色/白色代表指示/确认启用。

表7-1 组合仪表符号功能

符号	颜色	含义
	红色	手刹已拉紧
	红色	点亮： 1. 不得继续行驶； 2. 制动液液位过低或制动系统故障
	红色	点亮： 1. 不得继续行驶； 2. 发动机冷却液液位过低、发动机冷却液液位过高或发动机冷却液系统有故障 闪烁：发动机冷却液系统有故障
	红色	点亮： 1. 不得继续行驶； 2. 发动机机油压力过低
	红色	点亮： 1. 不得继续行驶； 2. 至少有一扇车门开启或未正确关闭
	红色	点亮： 1. 不得继续行驶； 2. 发动机舱盖已打开或未正确关闭
	红色	点亮： 1. 不得继续行驶； 2. 行李箱盖已打开或未正确关闭
	红色	点亮或闪烁： 1. 不得继续行驶； 2. 转向系统有故障
	红色	驾驶员或前排乘员未系上安全带
	红色	发电机有故障
	红色	双离合器变速箱DSG过热

续表

符号	颜色	含义
	黄色	前轮制动摩擦片磨损过度
	黄色	点亮：ESP 有故障或受系统所限已关闭
		闪烁：ESP 或 ASR 在调节
	黄色	ABS 有故障或失灵
	黄色	后雾灯已接通
	黄色	1. 行车灯部分或完全失灵； 2. 转弯照明灯有系统故障
	黄色	点亮或闪烁：尾气催化净化器有故障
EPC	黄色	发动机控制单元有故障
	黄色	点亮或闪烁：转向系有故障
	黄色	胎压过低或轮胎监控系统有故障
	黄色	车窗玻璃清洗液液位过低
	黄色	油箱内几乎无燃油
	黄色	闪烁：发动机润滑系统有故障
		点亮：发动机机油油位过低
	黄色	安全气囊系统和安全带拉紧系统有故障

续表

符号	颜色	含义
⇐ ⇒	绿色	1. 左侧或右侧转向信号灯； 2. 危险警报灯已接通
前雾灯符号	绿色	前雾灯已接通
制动符号	绿色	点亮：踩下制动踏板
		闪烁：变速杆上的锁止按钮未锁止
定速巡航符号	绿色	定速巡航系统正在进行调节
远光灯符号	蓝色	远光灯已接通或正在操作前照灯闪光器功能
SAFE	黑色	发动机防盗锁止系统已激活
扳手符号	黑色	保养周期指示器

2. 电动汽车仪表与报警装置

纯电动汽车仪表多采用科技感较强的数字模拟仪表，同车型的仪表样式及功能差异较大。部分车型车内布置多块大屏，用于显示车辆信息、操作设备以及娱乐等。

下面以 2021 款红旗 E－HS9 汽车为例进行说明，如图 7－20 所示。

图 7－20　2021 款红旗 E－HS9 一体式仪表

该仪表主要由四部分组成：

屏幕 1 为驾驶员提供汽车基本信息，如平均能耗、电池余量、续航里程、车速、电池功率及报警信号灯等。

屏幕 2 和屏幕 3 共同用以设置系统、充电、灯光等，还可以显示导航、倒车影像及播放音视频等。

屏幕 4 主要用来进行空调及自动泊车、陡坡缓降等相关设置。

纯电动汽车的故障灯、警告灯和指示灯与燃油汽车基本相同,只是增加了动力电池、电机等相关指示,如表 7-2 所示。

表 7-2 纯电动车新增仪表指示和报警灯

符号	颜色	含义
READY	绿色	电动机、电池、电动机控制器高压部件无故障,高压电已经上电至逆变器,高压上电已经准备就绪,踩下加速踏板汽车即可行驶
	红色	电机及控制器过热指示灯
	黄色	电量低于 30%,需充电
	黄色	系统故障指示灯
	黄色	动力电池不能提供动力,需及时维修。该故障灯出现频率较高,常与其他故障灯一同亮起,表示动力系统故障。如果该故障灯单独亮起,则代表系统总线出现故障,需及时维修
	红色	动力电池过热,应该靠边停车,等待蓄电池冷却,故障灯熄灭后再行驶
	红色	动力蓄电池可能存在故障,应慢速行驶,及时维修。如果能够感觉到明显的故障,最好不要再继续行车,及时申请救援
	红色	动力蓄电池绝缘电阻低,表示动力蓄电池绝缘性能降低,需及时维修

7.1.8 多媒体交互系统的使用

多媒体交互系统是智能网联、信息化技术发展的产物,该系统实现了人与车之间的对话功能。驾驶员可通过该系统,轻松把握车辆状态信息、路况信息,进行定速巡航设置、蓝牙免提设置、空调及音响等设置,还可以实现网络互联功能。

目前常见的人机交互系统有宝马的 iDrive、奔驰的 COMAND、奥迪的 MMI、沃尔沃的 Sensus、上汽荣威的 iVoka、福特的 SYNC、通用的 IntelliLink 以及丰田的 Remote Touch 等。

下面以奥迪互联科技中控台 MMI 为例介绍典型多媒体交互系统，如图 7-21 所示，该系统由操作系统和显示屏两部分组成。

图 7-21 奥迪互联科技中控台 MMI

操作系统由按键、旋钮、手写板组成，用以操作和设置，如图 7-22 所示。

图 7-22 奥迪 MMI 操作系统

显示屏在打开电源时自动升起，关闭电源时自动落下隐藏，可显示和操作地图、娱乐系统、车辆信息、空调、灯光、音响、驾驶模式、网络互动等功能。其设计充分考虑人机工程学，有助于驾驶员直观操作，如图 7-23 所示。

7.1.9　巡航系统的使用

1. 定速巡航系统

常见的定速巡航的操控方式有控制杆式、方向盘按钮、方向盘控制组，另外部分车型的定速巡航控制按键在中央扶手箱附近，例如雷诺，较为少见。如图 7-24 所示。

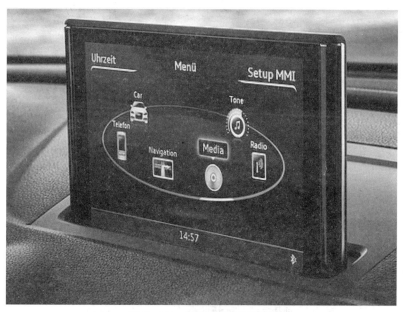

图 7-23 奥迪 MMI 显示屏

图 7-24 定速巡航的控制按键

定速巡航的使用方法如下：

(1) 开启定速巡航

开启定速巡航开关，如图 7-25 所示，仪表盘中指示灯 亮起。

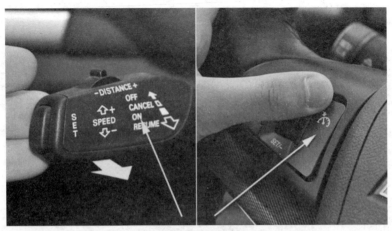

图7-25 定速巡航开关

注意开启不等于设定速度，为避免误操作，定速需要单独操作。

（2）定速

开启定速巡航后，按下控制单元中的 SET 键就可以设定速度。

不同品牌车型的启动速度限制不相同，大多数车型车速超过 30 km/h 后才可以启动。

按 +／- 号进行加速或减速。

（3）取消定速巡航

以下操作可以取消定速巡航：

①按关闭定速巡航键（CANCEL）；

②轻踩制动踏板（部分车型轻踩油门也会解除）；

③手动挡车型踩下离合器踏板。

（4）恢复功能

定速巡航取消后，按下定速巡航恢复键可以恢复到之前设定的车速，如图 7-26 所示。一些车型再次达到之前预设的速度时定速巡航会自动恢复。

图7-26 定速巡航恢复键

2. 自适应巡航系统

自适应巡航（ACC）系统在传统的定速巡航中加入了"定距"的功能，可通过车距调节按键调整跟车距离。一般有 4 格可选，高速行驶最好设置在 3 格以上。图 7-27 为自适应巡航的操作开关及指示灯。

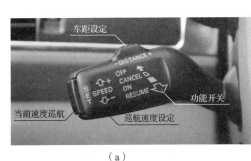
（a）

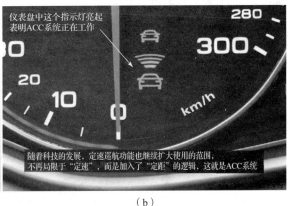
（b）

图 7-27　自适应巡航功能
（a）操作开关；（b）指示灯

自适应巡航主要分两种：全速自适应巡航和普通自适应巡航。普通自适应巡航在车速低于 30 km/h 时自动退出，提示驾驶员正常操作。全速自适应巡航无此限制，即使前车停驻后再起动，仍可自动跟车，停下后继续前进。

使用自适应巡航功能应注意以下事项：
①驶入或驶出较长弯道时，雷达测距传感器可能对相邻车道上的汽车做出反应；
②雷达测距传感器无法识别不在识别范围之内的狭长车型；
③此功能为辅助驾驶非自动驾驶，因此在必要时仍需驾驶员制动；
④雨水和污染物会对雷达测距传感器产生影响，雨天或大雾时不可使用该功能。

7.1.10　自动泊车功能的使用

1. 使用方法

自动泊车功能操作开关如图 7-28 所示，使用方法如下。

图 7-28　自动泊车按键

①准备停车时,汽车需在前进过程中且速度在 40 km/h 以下,按下自动泊车按键,按一下识别平行车位,按两下识别垂直车位。默认检测右侧车位,要想检测左侧车位,需要一直将转向灯拨杆保持在左转向位置,然后将车开向车位。

②到达车位前面附近时,屏幕上显示识别到车位,此时根据提示挂到相应挡位,控制油门和刹车,车辆自动控制方向泊车。

③如未停驻成功,驾驶员需按照提示重新操作,再次尝试自动泊车。

④选定车位后,在特定时间内(一般是 3 min)没有完成泊车,则自动取消泊车功能。

2. 注意事项

①仅在前进过程中才可激活自动泊车功能。

②不同厂家对车位长度、与其他车位车辆间距有不同要求。

③不同厂家对速度要求不同。如奔驰为 30 km/h,大众为 40 km/h。

④无法识别 45°的停车位。

⑤倒车过程中不可触碰方向盘(作用力矩需小于 5 N·m)。

⑥倒车过程中要时刻注意左右两侧以及车辆后方的状况,并随时准备刹车,建议在倒车过程中不要踩油门踏板。

某些车型的自动泊车功能可允许驾驶员在车外使用智能手机上的应用程序控制。在此过程中,驾驶员需一直按着应用程序上的按钮,如果抬起,汽车将立刻停止自动泊车。

7.1.11 自动启停功能的使用

1. 使用方法

图 7-29 为自动启停功能按键,该功能的使用方法如下:

①每次汽车点火后正常行驶,车速大于 3 km/h,时间持续约 4 s 以上,发动机启停功能就会自动激活。

②对于自动挡车型:踩制动踏板至汽车完全停止约 2 s 后,发动机自动熄火;松开刹车或者转动方向盘,发动机再次启动。

③对于手动挡车型:系统识别到空挡、拉手刹、松离合这三个动作后,会自动关闭发动机;当再踩下离合的时候,发动机自动启动。

图 7-29 自动启停功能按键

④可通过关闭开关强制关闭启停功能,但是每次起车点火,启停功能都是默认开启的。

2. 注意事项

①涉水行驶时,必须关闭该功能,以免使发动机进水。
②在坡道行驶时,必须关闭自动启停功能,以免溜车。部分车辆会根据坡度自动关闭该功能。
③启停功能控制发动机熄火时,不可加燃油,必须完全熄火断电才可加油。
④堵车、低速泊车、空调系统压力大时,优先考虑舒适性,建议关闭启停功能。

7.1.12 汽车空调装置的使用

汽车空调按控制方式不同可以分为手动空调和自动空调。

1. 手动空调

手动空调所有功能需手动操作。下面以 2021 款大众速腾为例(如图 7-30 所示)进行说明。

图 7-30 2021 款大众速腾手动空调操作组件

(1) 空调装置图标含义(如表 7-3 所示)

表 7-3 汽车空调装置图标含义

按钮、调节器	手动空调系统
①	温度: 1. 旋转调节器,以调节相应温度; 2. 在 AC MAX 位置达到最大制冷率,车内空气循环运行模式和制冷设备自动打开
②	鼓风机: 1. 0 挡:关闭鼓风机和空调系统; 2. 6 挡:鼓风机最高调速挡
③	气流分配: 转动调节器,调到所需气流方向位置
	除霜功能:气流吹向风挡玻璃上,在此位置车内循环模式自动关闭; 空气除湿:打开空调器,提高鼓风机转速,以尽快消除风挡玻璃上的雾气

续表

按钮、调节器	手动空调系统
	气流通过仪表盘的出风口吹到车内乘员身上
	气流吹到脚部空间
	气流吹到风挡玻璃和脚部空间
AC	按压按钮,即可启动或关闭制冷装备
	后窗玻璃加热装置,在发动机运转时可工作。工作 10 min 后加热器自动关闭
	空气内循环运行模式
OFF 关闭空调系统	鼓风机开关旋至 0 挡

（2）前风挡玻璃除霜和除雾

首先按需要调节温度调节旋钮①,设定合适温度,然后将空气分配旋钮③旋至 挡,再将鼓风机转速调节旋钮②旋至相应挡位。

除霜一般用暖风,除雾一般用冷风,需要按下 AC 键启动空调压缩机。

（3）空气内循环运行模式

该模式可阻止车外空气进入车内。

在车外温度很高或很低时,按压按钮 开启空气内循环模式,可使车内更快地降温或升温。为加速除霜除雾,当气流分配调节器在 位置时,内循环模式自动关闭。

注意事项：

①切勿长时间使用该模式,以免造成空气混浊、氧气不足。

②如果关闭制冷功能使用该模式,车窗玻璃会很快蒙上水雾并严重影响视野。

2. 自动空调

自动空调可以根据已设定的温度,自动调节,保持车内温度的恒定。

其功能包括车内温度和湿度自动调节、送风模式自动控制以及运转方式和换气量控制等。只需要按下 AUTO 键,设定所需温度即可。自动空调操作组件的图标含义和手动空调的基本一致,如图 7-31 所示。

图 7-31　自动空调操作组件

（1）分区控制功能

有些自动空调设有分区控制功能，是指在一个车厢内可以独立调节不同区域的温度。如双区空调可独立调节左右两区温度，四区空调可独立调前后排、左右侧四区的温度。

一般设有同步控温按键，不同品牌对此按键标识不同，常见的有 DUAL、MONO、SYNC、ZONE，如图 7-32 所示。开启此功能后，主驾驶设定全车的温度；关闭此功能后，可分区设定温度。

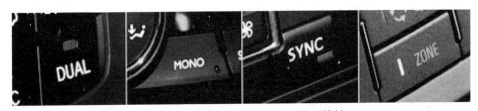

图 7-32　几款车型的空调分区控制按键

（2）节能模式

节能模式下，当车外温度与设定的车内温度较为接近时，电控单元减少制冷压缩机的使用，达到节能目的，功能按键如图 7-33 所示。

图 7-33　空调节能模式按键

（3）空气内循环模式自动控制（部分车型）

①温度设定很低时，会自动切换成内循环，加快降温，待温度下降到设定数值后再切换为外循环；

②前风挡玻璃除雾模式下会自动切换为外循环，加快除雾速度；

③挂入倒挡时空调会自动切换为内循环，防止尾气被吸入车内。

7.1.13 风挡玻璃刮水器与清洗器的使用

以 2021 款大众速腾为例，如图 7-34 所示，前风挡玻璃刮水器和清洗器的使用方法如下。

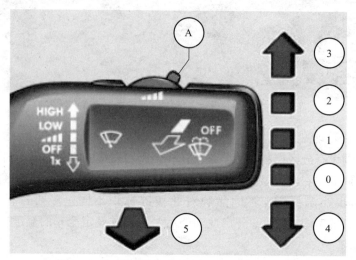

图 7-34 前风挡玻璃刮水器和清洗器操纵杆

（1）间歇刮水

将操纵杆上拨至位置①。左拨或右拨开关 A，设定刮水间隔时间延长或缩短，可设定四挡刮水间隔时间。

（2）慢速刮水

将操纵杆上拨至位置②。

（3）快速刮水

将操纵杆上拨至位置③。

（4）点动刮水

将操纵杆下拨至位置④，刮水器开始短促刮水；如将操纵杆保持在该位置 2 s 以上，刮水器将加快刮水速度。

（5）清洗和刮水系统

将操纵杆向方向盘方向拉至位置⑤，系统立即启动清洗功能，刮水器稍后开始刮水。车速超过 120 km/h 时，清洗器和刮水器同时工作。

松开操纵杆，清洗器停止工作，刮水器继续工作约 4 s。

（6）关闭刮水器

将操纵杆拨至位置 0。

（7）防冻位置

为避免玻璃刮水器在冬天冻结在风挡玻璃上，可在驻车后将刮水器抬离风挡玻璃，即将刮水器置于防冻位置，如图 7-35 所示。

行驶前须将前风挡玻璃刮水器摆臂重新翻回风挡玻璃上。在抬离和折回刮水器摆臂时必须握住刮水片安装架。

图 7-35 前风挡玻璃刮水器在防冻位置

(8) 自动感应雨刷

如图 7-36 所示,当雨刷操纵杆拨至 AUTO 位置,自动感应雨刷能通过雨量传感器感应雨量大小,自动调节雨刷运行速度,为驾驶员提供良好的视野,从而提高雨天驾驶的方便性和安全性。

(a)

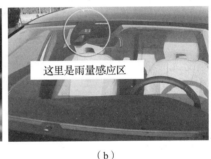
(b)

图 7-36 自动感应雨刷
(a) 雨刷操纵杆;(b) 雨量感应区

开启该功能后,拨动开关 A 可降低/提高雨量传感器的灵敏度。挡杆拨至 OFF 位置,关闭该功能。

7.1.14 中控门锁、座椅的使用

1. 中控门锁

(1) 普通中控门锁的使用
①将驾驶员车门锁扣按下或者拉起时,其他几个车门及行李舱门都能同时自动锁定或解锁。如果用钥匙锁门,也可实现。
②在车内个别车门需打开时,分别拉开各自的锁扣即可。
(2) 防盗系统的使用
通过遥控钥匙上的锁定或解锁按钮启闭车门。有些车型还有应答功能,当锁门或开门时转向信号灯闪烁。

（3）无钥匙进入系统的使用

汽车的门锁与车钥匙之间相互感应，只要车钥匙靠近汽车一定范围，汽车感应到之后，就会自动解锁车门。

2. 座椅

（1）手动座椅

如图 7-37 所示，通过手柄放松座椅的锁止机构，之后通过改变身体的坐姿和位置来带动座椅移动，最后用锁止机构将座椅固定在所选择的位置上。

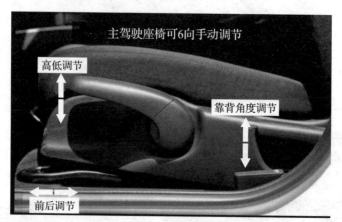

图 7-37　手动调节座椅

手动座椅无法进行微调节，且行驶中驾驶员调节座椅，可能发生危险。

（2）电动座椅

下面以 8 向电动前座椅为例说明电动前座椅的调节。

①座椅前后滑动调整。如图 7-38（a）所示，根据按钮①的箭头指示方向按压按钮，位置合适后松开按钮。

②靠背倾斜度调整。如图 7-38（b）所示，根据按钮②的箭头指示方向按压按钮，位置合适后松开按钮。

③腰部前后位置调整。如图 7-38（c）所示，按住腰部位置调整按钮①或②，即可调整腰部支撑部位前向运动，位置合适后松开按钮。

④坐垫前后方及整体升降调整。如图 7-38（d）所示，抬起或下压按钮①的前部或后部，即可实现坐垫前部或后部的升高或降低调整。抬起或下压整个按钮①可令座椅前部和后部同时升高或降低。

⑤电动座椅前后方向的调节量一般为 100~160 mm，座位前部与后部的调节量为 30~50 mm。全程移动所需时间为 8~10 s。

（3）电动座椅记忆功能

通过电动调节的方式，还原存储在电脑中的座椅位置、角度等，可存储多组座椅位置，实现智能化管理。

图 7-39 所示座椅记忆功能按键，可存储两组座椅位置。

接通点火开关后按需要调整座椅及左右后视镜，按下 M 键，启动该功能，再选择一个数字键按下，进行座椅位置记忆。下次使用时，直接按下数字按键即可恢复电脑存储的位置。

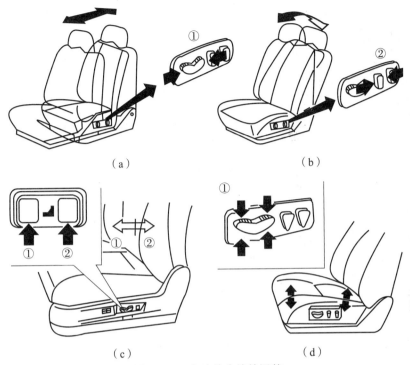

图 7-38 电动前座椅的调整

(a) 座椅前后滑动调整；(b) 靠背倾斜度调整；
(c) 腰部前后位置调整；(d) 坐垫前后及整体升降调整

图 7-39 座椅记忆功能按键

(4) 其他功能

一些高端车型还设置肩部支撑调节、座椅加热功能、座椅通风功能、座椅按摩功能、后排座椅移动功能等。其功能按键可在座椅侧面、中控台上、中央扶手、门板上以及中央多功能控制触屏上，各车型的设置不同。

7.1.15 电动门窗和天窗的使用

1. 电动门窗

以奥迪 A4 的电动车窗为例（如图 7-40 所示），说明电动车窗的使用及注意事项。

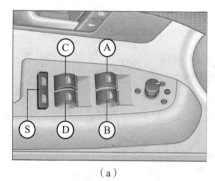 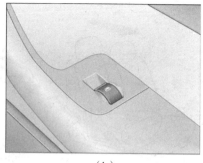

（a）　　　　　　　　　　　　　（b）

图 7-40　奥迪 A4 车窗操作按键

（a）驾驶员车门局部视图；（b）副驾驶员车门及后排车门局部视图

驾驶员车门上的按键如图 7-40（a）所示：

①A 按键为驾驶员车门的车窗开关。

②B 按键为副驾驶员车门的车窗开关。

③C 按键为左后车门的车窗开关。

④D 按键为右后车门的车窗开关。

⑤S 按键为安全按钮。

驾驶员可以通过操纵按键来控制汽车内所有电动车窗升降器。用安全按钮可锁定所有车窗开关。

副驾驶和后排乘员可通过图 7-40（b）所示门上的单独控制开关来控制其对应的车窗。

一键升降车窗升降器的开关有两挡：如果抬起或按压开关第一挡并保持不动，可控制车窗上升或下降，松开开关车窗停止移动。

如果短促抬起或按压开关至第二挡，车窗便会自动全部打开或关闭。

2. 电动天窗

以一汽大众宝来的电动天窗为例进行说明，如图 7-41 所示。

图 7-41　一汽大众宝来的电动天窗按键

（1）一键打开/关闭

向车头方向/反向用力推按键，推过阻力点即可实现该功能。轻推按键并在天窗动作中途松开开关，天窗即可停在当前位置。

（2）一键上翘/关闭

向车顶方向/反向用力推按键，推过阻力点即可实现该功能。轻推按键并在天窗动作中途松开开关,天窗即可停在当前位置。

汽车断电后,未打开车门时,仍可控制天窗;汽车断电,且打开车门后,无法控制天窗。

7.1.16 安全带与安全气囊的使用

1. 安全带

(1) 佩戴安全带的方法

汽车起步行驶前所有车内乘员务必系好安全带,其步骤如下:

①正确调整前排座椅及其头枕。

②抓住安全带锁舌,慢慢拉过胸部和髋部。

③将锁舌插入相应座椅的插口内,下压锁舌,直至听到其与插口的啮合声,如图7-42所示。

④拉一下安全带,确保牢靠。

在安全带佩戴过程中,要保证安全带的走向正确,避免扭曲,安全带方能充分发挥保护作用。

安全带均配备自动收卷器,慢拉肩部安全带,安全带可自由伸缩,但紧急制动、在山区上坡行驶或转弯及发生事故时安全带被锁止。

(2) 安全带正确的佩戴位置

正确佩戴安全带方能充分发挥其保护作用,否则可能对乘员造成严重伤害,如图7-43所示。

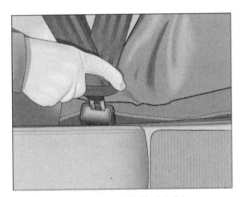

图7-42 安全带锁舌和插口

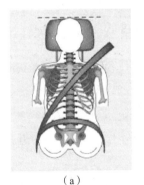

(a)　　　　　　(b)

图7-43 安全带和头枕的正确位置

(a) 前视图;(b) 侧视图

①车内乘员的靠背需处于直立位置;

②肩部安全带必须通过乘员肩部中央,切勿勒在颈部;

③腰部安全带必须通过乘员骨盆部位,切勿压在胃部;

④安全带必须平整,紧贴胸部、骨盆部位,并按需要拉紧安全带,避免滑移至胃部或颈部,造成严重伤害。

图7-44为孕妇正确佩戴安全带的示范图。

（3）解开安全带

汽车停稳后方可解开安全带。

解开时先按压安全带插口旁的红色按钮，如图7-45所示，锁舌自插口内弹出。抓住锁舌将安全带回送，收卷器将安全带自动卷回。汽车行驶中切勿解开安全带。

图7-44 孕妇正确佩戴安全带示范图

图7-45 从插口上松开安全带锁舌

2. 安全气囊

为使触发后膨胀的安全气囊能提供最佳保护作用，乘员必须全程正确佩戴安全带，并保持正确坐姿，正确调整方向盘和座椅、头枕。

儿童需使用儿童安全座椅并固定于后排专用插口。

7.1.17 后视镜的使用

驾驶员在行车过程中，通过后视镜来获取汽车后方、侧方和下方的外部信息。

按安装位置不同，后视镜分为外后视镜、内后视镜和下视镜。

1. 外后视镜

外后视镜一般装在车门或者前立柱附近，用于观察道路两侧后方情况。其调节方式有手动和自动两种。

手动调节（上、下、左、右四向转动）调整角度通常为每边20°~25°。

电动调节可通过按钮实现。调整角度可以达到每边30°。电动式后视镜操作方便，目前应用较广泛。

图7-46为奥迪A4L外后视镜及调节按钮。先将旋钮旋至L或R，对应调节驾驶员或副驾驶员侧外后视镜；然后可上下左右移动旋钮，调节相应后视镜的角度。将转动旋钮至A可将车外后视镜折叠，以保护其免受剐蹭。

2. 内后视镜

内后视镜一般装在驾驶室内的前上方，用于观察车内部情况或者透过后车窗观察车后状况。

 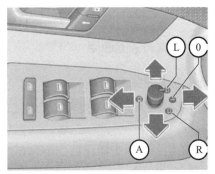

图 7-46 奥迪 A4L 外后视镜及调节按钮

图 7-47 为奥迪 A4L 内后视镜,有自动防炫功能,此功能可根据后方射入车内的光线自动防炫。打开点火开关可激活该功能,也可用按钮 A 控制开关。开启后视镜护罩内的绿色指示灯"B"亮起;车内照明开启或挂入倒车挡时,该功能自动暂时关闭。

3. 下视镜

下视镜安装在车身外部的前部或车后部位,用于观察车前或车后情况,货车、客车上比较常见,如图 7-48 所示。

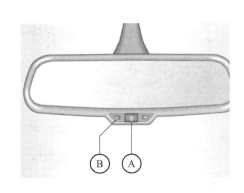 

图 7-47 奥迪 A4L 防炫车内后视镜　　　　图 7-48 下视镜

7.1.18 遮阳板的使用

前遮阳板拉下即可使用,不用时可折回原处,以免影响驾驶员的视野。

其内侧配有梳妆镜,打开遮盖板即可使用,部分车型还配有梳妆镜照明。

带延伸板的前遮阳板也可用作侧窗遮阳板,使用方法是:将遮阳板拉下,从扣夹上取下支撑栓,然后将遮阳板转向侧窗,再将延伸板拉出,以增大遮挡面积。

后电动遮阳板可通过中控台上的开关控制,也可以由后排乘客通过后扶手内的开关控制。

电动天窗遮阳板可以通过控制开关打开,也可以手动控制。

7.1.19 点火开关的使用

1. 传统点火开关

传统点火开关兼有转向锁功能,常见的有四挡位置,如图 7-49 所示。钥匙拧到相应位置,对应挡位如下:

①LOCK 挡——全车锁止挡,钥匙在此位置插入和拔出,除防盗系统和车内部分指示灯以外,电路完全关闭。

②ACC 挡——附件通电挡,可为部分用电器,如仪表、收音机等附件通电。

③ON 挡——全车通电挡,全车电路接通,正常行驶时保持此位置。

④START 挡——起动车辆挡,起动机电路接通。松手后钥匙会自动回到 ON 挡。

使用方法:钥匙插进点火开关后,在每个挡位停留 1~2 s,听到各挡汽车反馈的声音,再旋转进入下一挡位。

2. 一键起动开关

使用一键起动系统的车辆,按下一键起动开关(如图 7-50 所示)即可起动行驶。自动挡车型,需踩下制动踏板;手动挡车型,需踩下离合器踏板,方可使用一键起动。

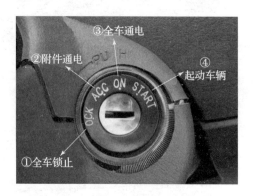

图 7-49 传统点火开关挡位

图 7-50 一键起动按键

自动挡汽车挂 P 挡,手动挡汽车挂空挡,同时点火开关旋至 1 挡,才能将钥匙拔出。

3. 注意事项

在连续起动发动机时,两次间隔不得少于 15 s(最好间隔 2 min),每次持续时间不超过 5 s,连续起动不超过 3 次。

7.2 轮胎的使用

1. 轮胎的正确选用

①选准轮胎型号;

②注意轮胎的生产日期;

③谨慎选用翻新胎；
④符合性能规定。

2. 胎压

适当的胎压使轮胎胎面对地面有均匀的接触压力，防止磨损不均，提高汽车的舒适性和安全性。定期检查和监测尤为重要。

轮胎标准充气气压标记在车辆铭牌上、驾驶员侧 B 柱上或油箱盖内侧，也可查询车辆使用手册或咨询相关厂商。

3. 轮胎的速度

当轮胎高速行驶达到其临界速度时，会出现"驻波"现象，很快就会发生爆破。为保证安全，不允许超过轮胎设计速度使用。

反复进行急加速、急制动、急转向等不正常的驾驶行为，会引起轮胎急剧变形，胎冠不均衡磨损，纵向沟纹撕裂，轮胎内部温度上升，帘布疲劳，使轮胎处于容易爆裂的危险状态，因此应尽量避免。

4. 轮胎的换位

轮胎在使用过程中，因受驾驶习惯、车辆保养不善、胎压不正确及轮胎换位松懈等因素影响，胎面往往会出现不规则磨损，导致轮胎使用寿命缩短，汽车异常颠簸。

建议每行驶 8 000～10 000 km 时，对轮胎进行换位，使胎面磨损更均匀，延长轮胎使用寿命。

按照驱动方式，建议以图 7-51 所示的方式给轮胎换位。

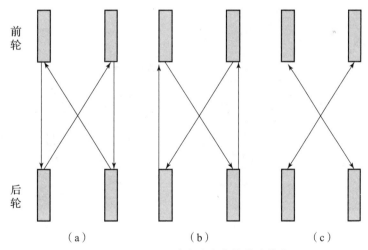

图 7-51　不同驱动方式汽车的轮胎换位
(a) 前驱换位；(b) 后驱换位；(c) 四驱换位

以下事项须注意：

①子午线轮胎是单导向轮胎，只能单边换位，保持在车辆的同一侧使用，以保持相同的旋转方向。若交叉换位会改变它的旋转方向，引起轮胎不平衡，也容易发生爆胎事故。

②雪地轮胎或带防滑钉的轮胎不应换位。储存该类轮胎时，也应在轮胎上标注轮胎使用时旋转的方向，以确保重装时保持同一旋转方向。

5. 备胎的使用

许多汽车都配有备用轮胎，如果备胎参数与正常轮胎不一致，仅能临时替代使用。使用备胎时，注意参照车辆使用手册，或备胎参数数据，注意限速。

备用轮胎应至少每月检查一次，主要检查轮胎是否漏气、变形、老化或损伤等。当检查轮胎气压时，应同时检查备胎的气压。

6. 胎压监测

汽车行驶过程中自动监测轮胎胎压，并进行报警，以确保行车安全。

汽车胎压监测警示灯亮，如图7-52所示，通常有四种可能。

（1）轮胎被扎

此时应尽快送修，如漏气较慢可缓慢行驶至维修点。

（2）胎压过高

此时在胎压表监测的情况下做放气处理。

（3）胎压过低

如因久未加气导致胎压过低，应及时补充。若已引起缺气轮胎温度升高过多，应及时停车休息或更换备胎。

（4）轮胎的胎压传感器故障

确保胎压正常的情况下，长按SET键（如图7-53所示）3 s左右重新检测，直至警示灯熄灭，并起动汽车正常行驶一段距离，使得胎压警报复位。

图7-52 轮胎胎压报警图标

图7-53 胎压监测设置按键

前往维修店，使用检测仪检测，排查故障，对故障码进行清除。

7.3 汽车在特殊条件下的使用

汽车的运行条件是指影响汽车完成运输工作的各类外界条件。它主要包括气候条件、道路条件、载荷与速度条件、燃料和润滑条件、驾驶技术和车辆运行的技术条件等。汽车在特殊运行条件下，对使用者有着特殊的要求。

7.3.1 高温条件下汽车的正确使用

在炎热的夏季，由于气温高、雨量多、灰尘大和热辐射强，导致发动机温度过高、充气系数下降、燃烧不正常、润滑油变质、磨损加剧、供油系产生气阻等现象。对于驾驶员来说，主要需注意轮胎防爆。

夏季气温高，轮胎内温度升高，胎压增大，容易爆胎，因此应严格做到以下几点：

①随时注意轮胎的温度和气压，经常检查，保持规定的标准气压。
②在中午等高温环境行车时，应适当降低行车速度。
③发现轮胎气压过高，应选择阴凉处停息，使胎温自然下降，胎压恢复正常再行驶。切勿用放气或泼冷水的方法降温降压，以免缩短轮胎寿命。
④如需涉水，必须待胎温降低后进行。

7.3.2 低温条件下汽车的正确使用

1. 低温及冰雪条件对汽车的影响

低温条件下发动机起动困难，总成磨损严重，燃油、燃料消耗量增加，零部件强度减弱，行车条件变坏。

（1）发动机起动困难

低温时润滑油黏度变大，导致发动机内部阻力变大；燃料的挥发性能变差、导致可燃混合气的质量差；蓄电池性能降低。以上都会导致发动机起动困难。

（2）总成磨损严重

低温下润滑油黏度增加，使得润滑条件变差，同时未蒸发的燃油也会破坏润滑油油膜，增加了磨损。

（3）燃料消耗量增加

环境温度和发动机机体温度低，造成燃油蒸发困难，导致燃耗增加。

（4）零部件强度减弱

零部件在低温下强度下降、变脆。因此，起步后的最初几公里，需要低速行驶，谨慎慢行。

2. 注意事项

①机油：依据环境温度选用合适的机油，以确保发动机的充分润滑。
②冷却液：使用长效冷却液，可应对低温环境，避免冻结。
③风挡玻璃洗涤液：根据使用温度选用合适的防冻产品。
④轮胎：冰雪路面行驶可以选用冬季防滑胎或安装防滑链，增加轮胎与地面的附着力，预防打滑。

7.3.3 雨天及潮湿条件下汽车的正确行驶

1. 雨天及潮湿条件对汽车的影响

（1）能见度低，视线不清

雨中行车影响驾驶员视线；由于湿度大，风挡玻璃易起雾，会带来一定的交通隐患。

（2）路面积水

路面积水，会造成汽车侧滑、跑偏、制动距离变长。较深的积水，还会使汽车进水。

2. 注意事项

①风挡玻璃洗涤系统：因刮水器使用增多，需注意检查各功能，更换破损老化的雨刮片，疏通排水孔。

②空调去湿：雨天潮湿易造成一些电子设备运行异常，可开冷气除雾。

7.3.4　高原和山区条件下汽车的正确使用

山区和高原由于海拔高、气压低和空气稀薄，会造成发动机充气量减小、冷却液和制动液沸点降低，汽车动力性与经济性下降，且易发生故障。

经常会遇到上坡、下坡、路窄、弯多等情况，需要经常制动减速，致使制动系统发热过多，影响制动效能。因此需避免长时间使用制动器，并注意制动器降温。

案 例 研 学

小张刚考取驾照，在使用汽车方面遇到一些问题。请你结合本任务所学，为他解答。

1. 小张上车后觉得座椅、后视镜位置不适合，他应该怎么调整？

2. 小张上车之后发现仪表上 (!) 一直亮，怎么处理？

3. 忽然阴天下雨，且车窗起雾，视野不好，小张应该怎么做？

4. 傍晚时分，华灯初上，小张该如何使用灯光？

5. 高速上路况很好，小张可以一直以恒定速度前行，为减少疲劳，他可以使用哪个功能？如何操作？

6. 行驶中小张发现迷路了，需要导航，他该如何操作？

网络助学

请扫描下方二维码观看视频，辅助学习离合器使用小技巧、手动挡汽车换挡与起步方法、汽车灯光使用方法、仪表盘使用方法、奥迪互联科技的功能、自适应巡航的使用、自动空调功能、汽车座椅的使用方法。

网络助学

课外拓学

请扫描下方二维码观看视频，了解双离合变速器正确使用、换挡拨片的使用、新能源仪表特殊符号含义、特斯拉 Model 3 自动驾驶功能、汽车与手机的融合、定速巡航使用的注意事项、汽车空调使用的注意事项、电动车窗防夹功能的必要性、如何正确调节座椅、雨天行车怎样提高行车安全。

课外拓学

实 践 操 作

【车辆的正确使用实训任务单】

实训准备：实训用车 1 辆。

实训目的：
1. 能够正确操作汽车各系统，实现其功能；
2. 能够掌握正确的驾驶方法；
3. 正确识读汽车仪表指示灯。

实训实施：
1. 观察实训汽车并补充完整以下信息。
   ➢ 实训汽车变速器形式为：□手动变速器　　□自动变速器　　□双离合变速器
   ➢ 实训汽车驾驶席座椅调节方式是：□手动调节　　□电动调节
   ➢ 实训汽车左前车窗符合：□手动　□普通电动　□一键升降　□有防夹手功能
2. 识别下图中各部分的名称。

3. 识别下图中各标识的名称。

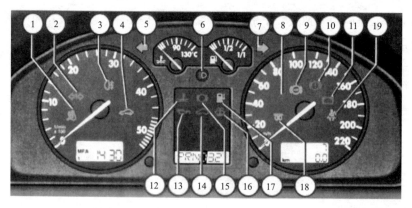

1. _____　2. _____　3. _____　4. _____　5. _____　6. _____
7. _____　8. _____　9. _____　10. _____　11. _____　12. _____
13. _____　14. _____　15. _____　16. _____　17. _____　18. _____
19. _____

续表

4. 识别下图中空调系统按键功能。

5. 识别下图中多功能方向盘按键功能。

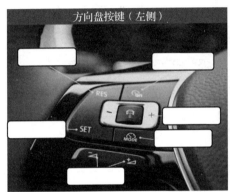
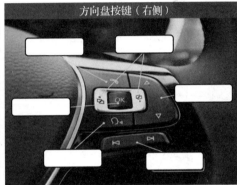

6. 模拟并讲解从进入驾驶室开始，驾车，到达目的地下车，你是如何驾驶的。

训练操作流程：解锁—开门—调节后视镜、座椅、方向盘—安全带—起动—操作离合器变速器—雨刮—车灯—空调—多媒体—行车制动—驻车制动—熄火—下车锁车。

| 实训成绩： |
| 教师签名： |

任务总结

【思维导图】

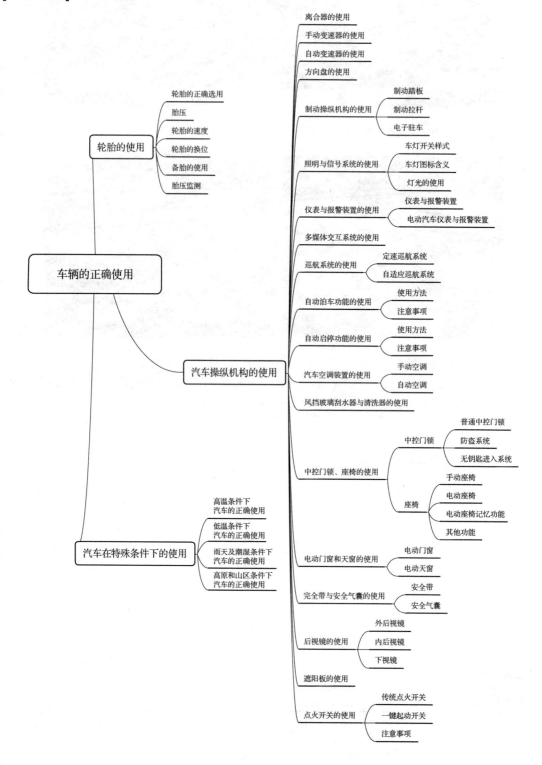

任务八
汽车工作液认识

小张有一台行驶了 4 万 km 的手动挡汽车,去店内保养时,维修技师告诉他需要更换机油、齿轮油、发动机冷却液、转向助力油、刹车油等汽车工作液。小张平时使用车辆时,从来没关注过原来汽车想要正常工作还需要这么多工作液的参与。这些汽车工作液你又了解多少呢?

知识目标:
掌握汽车工作液的选用原则。

技能目标:
1. 能够在实车上指出各工作液的储液位置;
2. 能够根据车型和使用条件,选择正确的工作液;
3. 能够判断工作液的质量。

理 论 学 习

8.1 汽油

8.1.1 汽油的规格

汽油标号是实际汽油抗爆性与标准汽油抗爆性的比值。标号越高,抗爆性能就越强。标准汽油是由异辛烷和正庚烷组成的。

根据 GB 18351—2017 规定,车用乙醇汽油技术要求和试验方法如表 8-1 所示。

8.1.2 汽油的使用性能

汽油是在石油中提炼出的密度小又易于挥发的液体燃料。汽油的使用性能主要包括蒸发性、抗爆性、腐蚀性、清净性及化学安定性。

表 8-1 车用乙醇汽油技术要求和试验方法

项目		质量指标				试验方法
		89号	92号	95号	98号	
抗爆性： 研究法辛烷值（RON） 抗爆指数（RON+MON）/2	不小于 不小于	89 84	92 87	95 90	98 93	GB/T 5487 GB/T 503，GB/T 5487
铅含量/(g/L)	不大于	0.005				GB/T 8020
馏程： 10%蒸发温度/℃ 50%蒸发温度/℃ 90%蒸发温度/℃ 终馏点/℃ 残留量（体积分数）/%	不高于 不高于 不高于 不高于 不大于	70 110 190 205 2				GB/T 6536
蒸气压/kPa 11月1日至4月30日 5月1日至10月31日		45~85 40~65				GB/T 8017
胶质含量/(mg/100 mL) 未洗胶质含量（加入洁净剂药） 溶剂洗胶质含量	不大于	30 5				GB/T 8019
诱导期/min	不小于	480				GB/T 8018
硫含量/(mg/kg)	不大于	10				SH/T 0689
硫醇（博士试验）		通过				NB/SH/T 0174
铜片腐蚀（50℃，3 h）/级	不大于	1				GB/T 5096
水溶性酸或碱		无				GB/T 259
机械杂质		无				GB/T 511
水分（质量分数）%	不大于	0.20				SH/T 0246
乙醇含量（体积分数）/%		10.0±2.0				NB/SH/T 0663
其他有机含氧化合物含量（质量分数）/%	不大于	0.5				NB/SH/T 0663
苯含量（体积分数）/%	不大于	1.0				SH/T 0693
芳烃含量（体积分数）/%	不大于	40				GB/T11132
烯烃含量（体积分数）/%	不大于	24				GB/T11132
锰含量/(g/L)	不大于	0.002				SH/T 0711
铁含量/(g/L)	不大于	0.010				SH/T 0712
密度（20℃）/(kg/m³)		720~775				GB/T 1884，GB/T 1885

1. 蒸发性

汽油由液态转化为气态的性质叫作汽油的蒸发性。评定汽油蒸发性的指标是馏程和饱和蒸气压。

用石油产品馏程测定仪对 100 mL 油品蒸馏时，从初馏点到终馏点的温度范围和残留量，叫作该油品的馏程。对汽油、轻柴油，是以一定馏出量（百分比）的蒸发温度等表示馏程的。汽油用 10% 蒸发温度、50% 蒸发温度、90% 蒸发温度、终馏点和残留量来表示。

在规定的条件下，油品在要求的试验仪器中气液两相达到平衡时，液面蒸气所产生的最大压力，叫作饱和蒸气压。汽油的饱和蒸气压越大，其蒸发性能越好。

馏程限制不高于某温度，是保证汽油具有良好的蒸发性，保证发动机正常工作；而饱和蒸气压限制不大于某值，是防止汽油供给系产生气阻和汽油蒸气排放。

汽油蒸发性的大小影响发动机正常工作。蒸发性越好，越容易汽化，易形成良好的混合气，发动机容易起动，加速性能好，降低油耗及排放。当温度较高时，蒸发性过高的汽油易在油路中蒸发形成"气阻"，会造成加速性差、易熄火等现象。当温度较低时，蒸发性过低的汽油会有一部分不能蒸发燃烧而滞留在气缸壁上，不仅使燃油消耗量增加，而且会稀释润滑油，导致气缸磨损加剧，影响发动机寿命。

2. 抗爆性

汽油抗爆性是表示汽油在汽油机燃烧室中燃烧时防止爆燃的能力。

"爆燃"是一种非正常燃烧，与发动机温度、压缩比、燃油特性等有关，在压缩行程终了时产生。它将造成发动机过热、排气冒烟、功率下降、油耗增加，并伴有明显的敲缸声（异响），甚至损坏机件。

汽油的抗爆性评价指标是辛烷值（Octane Number）。汽油内有多种碳氢化合物，其中正庚烷在高温和高压下较容易引发自燃，造成爆震现象，减低引擎效率，更可能引致气缸壁过热甚至活塞损裂。汽油的辛烷值越高，抗爆性就越好，发动机就可以用更高的压缩比，这样既可提高发动机功率，又可节约燃料，对提高汽油机的燃油经济性是有重要意义的。

按照试验条件，辛烷值分为马达法辛烷值和研究法辛烷值两种。马达法辛烷值是在苛刻试验条件下所测得的辛烷值。例如，发动机转速较高、混合气温度较高、点火提前角较大等。马达法辛烷值缩写为 MON（Motor Octane Number）。

研究法辛烷值是在缓和条件下所测得的辛烷值。例如，发动机转速较低、对混合气温度不限值、点火提前角较小等。研究法辛烷值缩写为 RON（Research Octane Number）。

压缩比高的发动机选用辛烷值高的汽油，反之，选用辛烷值低的汽油。

3. 腐蚀性

汽油对储油容器和机件应无腐蚀作用。评定汽油腐蚀性的指标是硫含量、钢片腐蚀试验、水溶性酸或碱。

4. 清净性

汽油的清净性用汽油中含有的机械杂质和水分等指标评定。

汽油中不应含有机械杂质和水分。机械杂质会使喷油器堵塞；机械杂质进入燃烧室会使燃烧室沉积物增加，加速气缸、活塞环的磨损。水分混入汽油中，会加速汽油的氧化；水分能与汽油中的低分子有机酸生成酸性水溶液，腐蚀零件。

5. 化学安定性

汽油的化学安定性是指汽油在储存、运输、加注和其他作业时抵抗氧化生胶的能力。化学安定性不好的汽油，容易发生氧化反应，形成胶质和酸性物质，使得汽油泵、喷油器堵塞，气门因积炭而关闭不严，火花塞因积炭而点火不良，发动机过热等故障。

评定汽油化学安定性的指标是胶质含量和诱导期。胶质含量是在规定的条件下，对汽油进行快速蒸发后所测得的汽油蒸发残渣中的正庚烷不溶物，以 mg/100 mL 表示。胶质含量能促进发动机沉积物的生成。诱导期是在规定的加速氧化条件下，油品处于稳定状态所经历的时间周期，以 min 表示。

8.1.3 汽油的正确选用

日常生活中选用汽油，我们只需考虑汽油的辛烷值，也就是汽油的标号。辛烷值越高，抗爆性越好。选择汽油时可以根据说明书的要求，考虑发动机的压缩比来选择合适的标号。一般的车，使用说明书上会标明，同时在油箱门的内侧会标有此车应该采用的燃油标号。

并不是选用标号越高的汽油越好，低压缩比的发动机加注高标号汽油会出现"滞燃"现象，即压缩比最高时还不到自燃点，燃烧不完全，因此需要喷入更多的汽油来保证动力的输出，油耗随之增加。

应该避免在少油状态运转，因为油箱油位太低，可能导致油泵烧坏。建议在亮灯之前油表还有两个格（剩一个格会亮灯）的时候就加油。

8.2 柴油

柴油一般分为轻柴油、重柴油和军用柴油，车用柴油采用轻柴油。

8.2.1 柴油的规格

柴油的牌号在我国是按照轻柴油的凝点温度进行编号的。按凝点分为 5 号、0 号、-10 号、-20 号、-35 号、-50 号。

8.2.2 柴油的使用性能

要求车用柴油要有良好的蒸发和雾化性能，良好的低温流动性能，良好的燃烧性能，良好的安定性和抗腐蚀性。

1. 低温流动性

柴油的低温流动性是指柴油在低温条件下具有一定的流动状态的性能。

评定柴油低温流动性的指标是黏度、凝点、浊点和冷滤点等。

黏度是很重要的使用性能指标，油品在标准的黏度范围内，才能保证燃油的供给及雾化，保证对燃油系统零部件良好的润滑性。

对柴油冷却，冷却到液面不能移动的最高温度，叫作凝点。

对柴油冷却，开始析出石蜡晶体，使柴油失去透明时的最高温度，叫作柴油的浊点。

在规定的试验条件下（模拟发动机工作情况确定的，近似于实际使用条件），试油不能以 20 mL/min 的流量通过一定规格过滤器的最高温度，叫作冷滤点。

2. 雾化和蒸发性

为了保证柴油机的动力性和经济性，要求柴油具有较好的雾化和蒸发性。蒸发性好，柴油机起动性能就好，燃烧完全，不易稀释润滑油，油耗较低，积炭少，排烟较少。如果蒸发性过高，会影响贮运及使用安全性，发动机工作容易粗暴。柴油的蒸发性用馏程和闪点两个指标评价。

柴油馏程测定方法与汽油基本相同，测定项目有 50%、90% 和 95% 馏出温度。50% 馏出温度越低，说明柴油中轻质馏分越多，柴油机容易起动。90% 和 95% 馏出温度越低，说明柴油中的重质馏分越少，燃烧越完全。

闪点是指在一定试验条件下加热后，当油料蒸气与周围空气形成的混合气接近火焰时，开始发出闪火的温度。为了控制柴油的蒸发性不致过强，保证安全性，国家标准规定了各号轻柴油的闪点的最低数值。

3. 燃烧性

柴油的燃烧性是指其自燃能力。

柴油的燃烧性可用十六烷值评定。柴油机的转速越高，燃烧速度越快，对十六烷值要求就越高，一般 1 000 r/min 以下的柴油机，应使用十六烷值 35~40 的柴油；1 000~1 500 r/min 的柴油机，应使用十六烷值为 40~45 的柴油；1 500 r/min 以上的柴油机，应使用 45~60 的柴油。另外，十六烷值越高，汽车就越容易起动；但十六烷值也不宜过高，否则柴油的低温流动性、雾化和蒸发等均受到影响，致使燃烧不完全，降低发动机功率，增加油耗。一般选用十六烷值为 40~50 的柴油。国家标准规定轻柴油十六烷值不小于 45。

4. 腐蚀性

柴油不能有大的腐蚀性，否则会造成发动机的磨损，减少发动机使用寿命。腐蚀性可用硫含量、硫醇硫含量、铜片腐蚀、水溶性酸或碱等指标评定。

5. 清洁性

柴油的清洁性用灰分、水分和机械杂质等指标评定。灰分是油中不能燃烧的矿物质，呈粒状，坚硬，是造成气缸壁与活塞环磨损的重要因素之一。柴油中的机械杂质会造成供油系部件的卡死，喷油器喷孔的堵塞。水分会降低柴油发热量，冬季结冰堵塞油路，并增加硫化物对零件腐蚀作用，还能溶解可溶性的盐类，使灰分增大。

6. 安定性

柴油的安定性是指其在运输、贮存和使用过程中保持外观颜色、组成和使用性能不变的能力。用总不溶物、碘值、10% 蒸余物残炭和胶质含量评定。其中碘值是在规定条件下与 100 g 油品起反应时所消耗的碘的克数。从测得的碘值的大小可以说明油品中的不饱和烃含量的多少，不饱和烃越多，碘值就越高，油品安定性越差。总不溶物、10% 蒸余物残炭和胶质含量越大，安定性越差。

8.2.3 柴油的正确选用

柴油车应按照季节（气温）的变化，依照当地不同季节可能出现的最低环境温度选择适当牌号的柴油（GB 19147—2016），如表 8-2 所示。车用柴油牌号的选用应以使用环境的最低气温高于柴油冷滤点为原则。通常引入 10% 风险率，即当地的最低气温的天数，一般是三天的最低温度，要比所选用的柴油凝点低 4~6℃。

①柴油加入油箱前要充分沉淀（不少于 48 h）。

②不同牌号的车用柴油可以掺兑使用。尤其是东北地区的秋季，注意按照温度的变化及时换牌号，油箱原有的和新添加的低牌号柴油可以适当掺兑使用。

③严寒的冬季汽车不能起动时，可以采用起动燃料帮助起动。

表 8-2 不同牌号的柴油使用的温度范围

牌号	使用的温度范围
5	适用于风险率 10% 的最低气温在 8℃ 以上的地区使用
0	适用于风险率 10% 的最低温度在 4℃ 以上的地区使用
-10	适用于风险率 10% 的最低温度在 -5℃ 以上的地区使用
-20	适用于风险率 10% 最低温度在 -14℃ 以上的地区使用
-35	适用于风险率 10% 最低温度在 -29℃ 以上的地区使用
-50	适用于风险率 10% 最低温度在 -44℃ 以上的地区使用

8.3 发动机润滑油

8.3.1 发动机润滑油的正确选用

1. 发动机润滑油的分类、规格和牌号

我国发动机润滑油（简称机油）采用 API（美国石油协会）性能分类法和 SAE（美国汽车工程师学会）黏度分类法。

（1）API 性能分类法

API 性能分类是根据产品特性、使用场合和使用对象确定的。机油牌号中第一个字母 S 表示汽油机油，C 表示柴油机油。

目前我国汽油机采用的有 SH、SJ、SL、SM、SN。柴油机采用的有 CF-4、CG-4、CH-4、CI-4、CJ-4。

（2）SAE 黏度分类法

按 SAE 黏度分类，分为冬季和夏季用油。W 代表冬季，W 前的数字越小，代表低温黏度越小，适用于温度较低的环境。冬季用发动机润滑油包括 0 W、5 W、10 W、15 W、20 W 和 25 W 六个黏度等级；春、秋及夏季用发动机润滑油包括 20、30、40、50 和 60 五个黏度等级。

现在汽车多采用多级机油。多级机油具有良好的黏度—温度特性，既满足高温条件下的润滑，又利于低温起动，适用更大的温度范围，可以实现冬夏通用。黏度级别常用的分级标准参照 SAE 的标准可以分为 11 个级别，如 SAE5W-30 的含义为：5W 代表冬季黏度级别，数字越小表示低温起动性能越好；30 表示夏季黏度级别，数字越大，黏度越高。

2. 选择发动机润滑油的注意事项

①机油质量等级的选择应根据发动机自身技术要求，严格按照使用说明书的规定，选用与该车型相应的机油质量等级。发动机负荷高、发动机强化程度高，应选用高质量级别的发动机机油。

机油质量和性能指数通过不同的检验方法（等级）测定。API 等级（美国）是由美国石油协会联合美国材料试验学会（ASTM）和 SAE 规定的。API 把机油按照其性能分级，如表 8-3 所示，S 系列的机油是汽油发动机专用的，C 系列的机油是柴油发动机专用的，机油质量等级级别及性能随字母序号递增而递增。

表 8-3 机油质量等级表

API 质量等级	S 系列	SA、SB、SC、SD、SE、SF、SG、SH、SJ、SL、SM、SN、SP
	C 系列	CA、CB、CC、CD、CE、CF-4、CG-4、CH-4、CI-4

②黏度级别的选择需要考虑环境温度和发动机负荷。机油黏度等级与使用环境温度范围的参考值，如表 8-4 所示。

表 8-4 机油黏度等级与使用环境温度范围的参考值

黏度等级	使用环境温度/℃	黏度等级	使用环境温度/℃
5W	-30~-10	5W-30	-30~30
10W	-25~-5	10W-30	-25~30
20W	-10~30	10W-40	-25~40
30W	0~30	15W-40	-20~40
40W	10~50	20W-40	-15~40

③同一个级别的国内外机油使用效果一致。

④级别低的机油不能用于高性能发动机，以防润滑不足，造成磨损加剧。

⑤增压发动机必须使用比自然吸气发动机更高级别的机油，因为涡轮增压发动机气缸的工作温度和工作压力更高、负荷更大。

⑥在保证润滑条件下，为了减小摩擦阻力，优选黏度低的机油。

⑦保持正常油位，常检查，勤加油。

⑧不同牌号的机油不可混用。

⑨注意识别伪劣机油。

⑩定期更换机油并及时更换机油滤芯。

特殊要求：经常短途使用、低温使用、风沙大的地方使用汽车，或季节需要，应加大换油保养和更换机油滤清器的频率。

8.3.2 发动机润滑油的检查和更换

1. 检查发动机润滑油油面高度

建议一周检查一次，检查时应该满足以下检查条件：

①发动机温度不低于60℃。

②车停在水平面上，发动机停转后等几分钟，机油回到油底壳内拔出机油尺，用干净布擦干净后再插回原处。再次拔出机油尺，读出油位。

③机油尺上的标记区如图8-1所示。

A——不需再加机油。

B——可加注机油，加油后油位可达A区。

C——必须加注机油，加油后油位达到A区。

2. 更换发动机润滑油

一般更换时间厂家建议：自然吸气的汽车行驶里程为7 500 km，涡轮增压的汽车行驶里程为5 000 km时更换一次机油；或者根据车辆使用时间，每半年更换一次机油。一般行驶里程和时间，以先到达者为准。

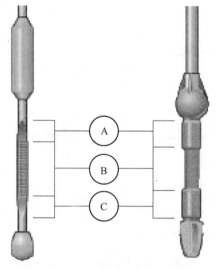

图8-1 机油尺标记区

更换过程：在热车（水温80℃以上）状态下，拧下机油加注盖，然后举升车辆；拧松发动机放油螺栓，用容器接好，松开放油螺栓；可以在放掉大部分后，用专用工具拆下机油滤清器；油放净后，清洁放油口及放油螺塞后拧紧螺塞。放下车辆，按标准油量加注新油，装回加油盖；等机油流回油底壳后，通过机油尺检查加注量。起动发动机，检查机油滤清器、放油螺塞等部位是否有漏油现象。等热车后，没有泄漏，再次检查油位，正常即可。

8.4 发动机冷却液

乙二醇—水型冷却液的优点是：沸点高，蒸发损失小；冰点低；热容量大，冷却效率高；黏度小，流动性好。缺点是有毒性，对金属有腐蚀作用，并对橡胶有轻度的浸蚀。乙二醇—水型发动机冷却液分为 -25、-30、-35、-40、-45 和 -50 号六种牌号，其冰点分别为 -25℃、-30℃、-35℃、-40℃、-45℃及 -50℃，具有防冻、防腐、防沸及防垢等性能，属长效冷却液，四季通用。

1. 冷却液的正确使用

①应选择符合国家标准要求的产品；

②冷却液冰点要比使用地区的最低温度至少低10℃；

③不同品牌冷却液不可混用；

④发现冷却液缺少时，应及时给予补充；

⑤在灌注新冷却液时，必须把冷却系统清洗干净；
⑥冷却液应四季使用；
⑦定期更换冷却液（可以视情况 1~2 年更换，也可以 4 万 km 更换）。

2. 检查冷却液

冷却液储存在冷却液储液罐内，观察冷却液液面应在发动机冷机状态下进行。将车停驶在水平路面上，打开发动机舱盖，观察冷却液液面高度应在最大值（Max）和最小值（Min）之间。如低于最小值，应添加冷却液。

冷却液浓度的检测必须使用专用检测仪器——折射计，该仪器可直接测量冷却液浓度和对应防冻温度，如图 8-2 所示。检测前应让发动机先运转 10~20 min，使得冷却液混合均匀再进行测量，以避免测量误差。

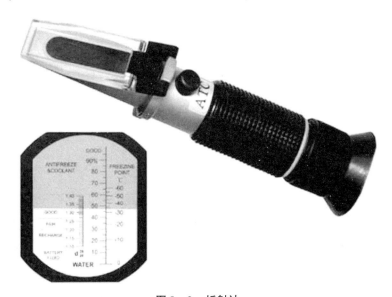

图 8-2　折射计

3. 更换冷却液

①打开发动机舱盖，确定发动机和散热器处于冷态；
②打开储液罐盖或散热器盖；
③拆开散热器排水管；
④排掉防冻液后，装好散热器水管；
⑤缓慢加入冷却液，至液面高度在 Max~Min；
⑥打开发动机，循环 10 min 左右，排除部分空气，液面有所下降，再补充冷却液至 Max~Min。

✿ 8.5　齿轮油

车辆齿轮油主要用于手动变速器、分动器、主减速器和转向机等传动机件摩擦处。齿轮油在齿轮传动中的主要作用是减少摩擦、降低磨损、冷却零部件，同时还可以起到缓和振动、减少冲击、降低噪声、防止锈蚀以及清洗摩擦表面的作用。

1. 车辆齿轮油的分类

车辆齿轮油也是按 SAE 黏度和 API 使用性能来分类的。

（1）SAE 黏度分类法

SAE 于 2019 年发布的车辆齿轮油黏度分类标准 SAE J306—201902，是 SAE 迄今为止最新的车辆齿轮油黏度分类标准版本，其具体内容如表 8-5 所示。

表 8-5　SAE J306—201902 车辆齿轮油黏度等级分类

黏度等级	最高温度（动力黏度为 150 Pa·s 时）/℃	运动黏度（100℃）/（mm²/s）	
		最小	最大
70 W	-55	3.8	—
75 W	-40	3.8	—
80 W	-26	8.5	—
85 W	-12	11.0	—
65	—	3.8	<5.0
70	—	5.0	<6.5
75	—	6.5	<8.5
80	—	8.5	<11.0
85	—	11.0	<13.5
90	—	13.5	<18.5
110	—	18.5	<24.0
140	—	24.0	<32.5
190	—	32.5	<41.0
250	—	41.0	—

（2）API 使用性能分类法

我国的车辆齿轮油 API 使用性能分类共有三级，即普通车辆齿轮油（GL-3）、中负荷车辆齿轮油（GL-4）和重负荷车辆齿轮油（GL-5）。后两种通常又称为双曲线齿轮油。GL 为美国石油协会 API 对车辆齿轮油的质量进行评价的等级标准，数字越大，级别越高。

2. 车辆齿轮油的选用

①根据环境温度、运行条件及运行状况等选择黏度等级。75 W、80 W、85 W、90 W 分别对应 -40℃、-26℃、-12℃、-10℃的温度。对于高温，一般地区 90 号可满足要求，

天气特别热的地区或负荷特别重的汽车选用140号油。

90代表-10℃以上地区全年通用；140代表炎热夏季用油；80W-90代表-30℃以上地区全年通用；85W-90代表-20℃以上地区全年通用；85W-140代表-15℃以上地区全年通用。

为减少用油级别，在汽车各传动装置对齿轮油使用性能级别要求相差不太大的情况下，可选用同一级使用性能的齿轮油。

②性能级别低的齿轮油不可以代替高级别的齿轮油使用，例如将普通齿轮油加入双曲面齿轮驱动桥中，将使齿轮很快地磨损和损坏。性能级别较高的齿轮油可以用在要求较低的车辆上，但过多降级使用经济上不合算。

③使用黏度牌号过高的齿轮油，将使燃料消耗显著增加，特别是对高速轿车影响更大，应尽可能使用合适的多级齿轮油。

3. 齿轮油的检查

车辆每行驶7 500 km，应检查齿轮油面。

①油量的检查：拧下油位检查孔螺塞，通过手指探触检查油位是否达到油位检查孔边的刻度0~5 mm。如果油量不足，应补充齿轮油，直到齿轮油从油位检查孔向外溢出为止。

②油质的检查：主要是检查颜色是否正常，是否变黑，用食指和拇指捻磨油滴，看是否有杂质，同时感受黏度是否正常。

4. 齿轮油的更换

应根据厂家说明书要求的里程更换，一般轿车采用GL-4、GL-5，行驶5万~6万km应进行更换。

也有些厂家手册上介绍终身不用更换齿轮油，建议家庭用车如果需要更换齿轮油，尽量使用API 75W-90的GL-4、GL-5的全合成型齿轮油。

8.6 自动变速器油（ATF）

自动变速器油（Automatic Transmission Fluid，缩写为ATF）是专门用于自动变速器的油液。ATF可以通过动力控制系统传递压力，传递运动；通过液力变矩器将发动机的动力传递给变速器；将变速器中的热量带出传递给冷却介质；清洁运动零件并起密封作用；润滑轴承、齿轮和离合器等。

ATF的特性主要包括黏度、氧化安定性、防腐防锈性、抗泡沫性、抗磨性、剪切稳定性以及密封材料适应性等。

1. ATF的牌号及选用

不同汽车品牌选用的ATF不同，详见各车型的维修手册。

2. ATF油位检查

一般行驶1.5万km或使用一年时间需要检查ATF油位。

检查ATF油位的条件，不同厂家的具体要求不同。一般需要达到一定温度（20℃~80℃），将车辆停放在水平路面上，发动机怠速运转，选挡杆放在P位，再将自动变速器的操纵手柄在各挡位轮换停留短时间，使油液充满液力器和所有元件。此时抽出油尺擦净后重新插入再拔出检查，油面应达到油尺上规定的刻度范围。

注意：油尺上的冷态范围（COOL）用于常温下的检测，热态范围（HOT）用于热车检测，一般认为热态范围更准确一些。

无油尺的自动变速器 ATF 油量检查方法如下：

①发动机处于工作状态（怠速运转）；

②变速器选挡杆置于 P 挡位置；

③利用诊断仪检测变速器温度不得超过 30℃；

④水平举升汽车并试挂所有挡位，拧下变速器油底壳油面高度检查螺丝；

⑤当油温达到 35℃~45℃ 时，溢流管刚好有油滴出，油面高度符合标准。如没有油滴出，则要加以补充。

3. 更换 ATF

ATF 的更换周期是以行驶里程数或使用时间为准，若在车辆使用手册中同时给出了这两个指标，则以先到达者为准。如果车辆使用手册未标明 ATF 的更换时间，则按照 4 万~5 万 km 的里程来更换。也有终身不换油的变速器，但是建议根据变速器油的质量来考虑换油。

ATF 更换方法如下：

①换油之前应先将汽车行驶一段路程，使 ATF 温度达到正常工作温度（50℃~80℃）。

②拆下自动变速器油底壳下部的放油螺塞，将油底壳内的油液放干净。有些车型的自动变速器油底壳上没有放油螺塞，应拆卸油底壳放油。

③放油后应将油底壳以及其他有关零件清洗干净。有些自动变速器油底壳上的放油螺塞是带磁性的，有些自动变速器油底壳内还专门放置了一块磁铁，目的都是吸附油液中的铁屑，清洗时应注意将吸附在油底壳的铁屑清洗干净。

④每次换油时必须清洗自动变速器油滤清器滤网，更换滤清器滤芯。

⑤清洗装复后，加入规定牌号和容量的 ATF，起动车辆行驶一段路程至正常油温后再次检查油液液面高度，直至调整到符合要求为止。

⑥现在各品牌 4S 店提倡使用专用自动变速器换油设备换油。目前有专用自动变速器清洗换油设备，用此设备换油既可将自动变速器彻底清洗，又可将旧油液全部换出。采用油底壳螺塞放油法只能换掉 50%~60% 的旧油，其余的油液在液力变矩器和油冷却器内无法换出，因此须应用专用设备更换自动变速器油液。

8.7 制动液

为了保证汽车实现正常的制动效果，汽车制动液必须具有以下的使用性能：高温抗气阻性、运动黏度和润滑性、金属腐蚀性、与橡胶的配合性、稳定性、溶水性和抗氧性。

1. 制动液的牌号

按照 GB 12981—2012《机动车辆制动液》，制动液分为 HZY3、HZY4、HZY5 级和 HZY6 级，其中 HZY3、HZY4 和 HZY5 分别对应美国联邦政府运输部的 DOT 标准中的

DOT3、DOT4 和 DOT5.1。

2. 制动液的选用

合理选用制动液是确保制动性能可靠的关键。在选用制动液时，应根据汽车的功率、速度、负荷以及制动系统的结构、制动摩擦材料和使用条件选用。质量等级越高，制动液的高温抗气阻性能和低温性能越好，能充分满足汽车的使用要求。制动液的主要特性及推荐使用范围如表 8-6 所示。

表 8-6 制动液的主要特性及推荐使用范围

级别	制动液主要特性	推荐使用范围	推荐适用车型
HZY3	具有良好的高温抗气阻性能和优良的低温性能	我国广大地区均可使用	微型车、中低档汽车
HZY4	具有优良的高温抗气阻性能和良好的低温性能	我国广大地区均可使用	中高档汽车
HZY5	具有优异的高温抗气阻性能和低温性能	有特殊要求的车辆使用	特殊车辆（军用车、赛车）

制动液的选择和使用应该参照车辆使用说明书上的规定，也可按以下原则进行选择：
①选用的制动液产品质量等级应等于或高于车辆制造厂家规定的制动液质量等级；
②所选用的制动液产品类型应与车辆制造厂家规定的制动液产品类型相同；
③尽量选择正规厂家生产的，性能稳定、质量有保证的制动液产品；
④选择合成制动液。

制动液对汽车漆膜有溶解作用，更换制动液时应特别注意，如果沾染了制动液要立即清洗干净。

8.8 转向助力油

一般转向器有专门的转向助力油，并且不同的车型都有不同的规定，可以参照使用说明书。

转向助力油液面高度会影响助力转向系统的工作，需要定期检查储液罐内转向助力油液面高度。转向助力油同时也是系统的润滑剂，因此液位过低或储液罐内无液压油时切勿行驶，否则不但会严重损坏转向油泵及其他零部件，还可能导致转向系统失灵。

检查前让发动机运转 2 min，将前轮摆正，关闭发动机，立刻检查液面高度。通常有两种形式的储液罐：一种是外表面带有 max 和 min 刻度线的；另一种是储液罐的盖带有油尺的。无论哪种形式，都要求液面在 max 和 min 之间。

一般车辆制造厂家并不严格规定转向助力油的更换周期。为防止转向助力油过脏或变质，一般行驶 2 年或行驶 3 万 km 更换一次液压油，也有建议 5 万 km 更换的。

案例研学

小张生活在东北地区，冬天最低温度偶尔达到 -30℃ 左右。他于 2018 年 6 月购买了一辆 2018 款的红旗 H5 轿车，主要用途为家用和上下班代步，每年的行驶里程在 1.5 万 km 左右。以 2021 年 6 月为时间基准，请你为小张设计一下未来 6 年内，检查或更换各种汽车工作液的时间表。

通过查询资料，小张需要为车辆加注_____号汽油。

序号	时间	更换/检查	油液名称	油液标号

网络助学

请扫描下方二维码观看视频，进一步了解汽油选用规则、机油常见小问题、柴油小知识、发动机冷却液、齿轮油、ATF、制动液、转向助力油等内容。

网络助学

课外拓学

请扫描下方二维码,了解不同标号汽油的区别、机油选用的小知识、车上各工作液的储液位置、汽车发动机舱内各工作液的添加方式。

课外拓学

实 践 操 作

【汽车工作液认识实训任务单】

实训准备:实训用车 1 辆。
实训目的: 1. 能够在实训车上指出汽车各工作液的储液位置; 2. 能够说出汽车更换工作液的选用方式。
实训实施: 1. 观察实训车辆并查询资料,回答下面问题: ➢ 实训车辆应添加的汽油标号为:□90 号 □92 号 □95 号 □98 号 ➢ 实训车辆应添加的机油标号为:_____ ➢ 实训车辆应添加的冷却液标号为:_____ ➢ 实训车辆应添加的齿轮油标号为:_____ 2. 请在实训车辆上找到以下汽车工作液储液罐位置,并拍照上传至平台。

汽车工作液储液罐位置查找自检表

序号	名称	是否找到
1	汽油油箱	
2	机油油底壳	
3	发动机冷却液储液罐	
4	玻璃水储液罐	
5	制动液储液罐	
6	转向助力油储液罐	

续表

3. 请口述汽车上各工作液的选用方式,并录制成小视频上传至平台。

➤ 视频《汽油选用规则》脚本。

➤ 视频《机油选用规则》脚本。

➤ 视频《发动机冷却液小常识》脚本。

➤ 视频《齿轮油小常识》脚本。

续表

➢ 视频《ATF 小常识》脚本。

➢ 视频《制动液小常识》脚本。

➢ 视频《转向助力油小常识》脚本。

➢ 视频《玻璃水小常识》脚本。

实训成绩：
教师签名：

任务总结

【思维导图】

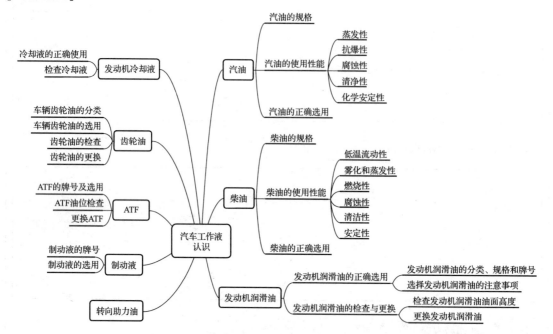

任务九
汽车的常规维护保养

小张购入新车,希望尽可能延长其使用寿命,保持其良好工作状态。小张想知道,日常使用汽车该怎样养护,什么时候该去4s店,需要哪些维护保养项目,才能让自己的爱车"健康""长寿"呢?

知识目标:
1. 了解车辆日常维护保养项目;
2. 了解车辆定期维护保养项目。

技能目标:
1. 能够说出汽车日常维护保养的内容;
2. 能够说出汽车定期维护保养的内容。

------ 理 论 学 习 ------

9.1 汽车维护保养概述

人们常说:汽车维护讲究"三分修,七分养"。随着汽车技术和质量水平的提高,通过有效维护保养,可达到以保代修,甚至终身不大修的目的。因此汽车维护保养的重要性愈显突出。

1. 汽车维护保养的意义

汽车维护保养指定期对汽车相关部分进行检查、清洁、补给、润滑、调整或更换某些零件的预防性工作。

按维护间隔和项目及技术要求对汽车进行强制维护,使汽车保持整洁,能及时发现和消除故障隐患,延长汽车的使用寿命,降低故障率,防止汽车早期损坏。

2. 汽车维护保养的基本原则

①预防为主,强制维护;

②强化检验，严格标准；
③严密组织，精心操作；
④完善统计，提高效率；
⑤合理调整，有的放矢。

3. 汽车维护保养的主要工作

汽车维护保养的主要工作有清洁、检查、紧固、调整、润滑和补给等。

①清洁：主要包括对燃油滤清器、机油滤清器、空气滤清器滤芯的清洁、汽车外表的养护和对有关总成、零部件内外部的清洁作业。

②检查：主要是检查汽车各总成和机件的外观、工作情况和连接螺栓的紧度等。

③紧固：重点应放在负荷重且经常变化的各部机件的连接部位上，以及对各连接螺栓进行必要的紧固和配换。

④调整：主要是按技术要求，恢复总成、机件的正常配合间隙及工作性能等作业。

⑤润滑：包括对发动机润滑系更换或添加润滑油；对传动系操纵部分以及行驶系各润滑点加注润滑油或润滑脂等作业。

⑥补给：对汽车的润滑油料及特殊工作液体进行加注补充，对蓄电池进行补充充电，对轮胎进行补气等作业。

9.2 汽车维护保养的内容

常规性维护保养分为日常维护保养和定期维护保养。

1. 日常维护保养

日常维护保养是驾驶员必须完成的日常性工作，主要内容为：

①坚持"三检"，即出车前、行车中、收车后检视汽车的安全机构及各部机件连接的紧固情况。

②保持"四清"，即保持机油滤清器、空气滤清器、燃油滤清器和蓄电池的清洁。

③防止"四漏"，即防止漏水、漏油、漏气和漏电，保持车容整洁。

常用小型汽车的日常维护保养基本作业项目如表9-1所示。

表9-1 日常维护保养基本作业项目

分类	作业内容
车身外部	1. 检查、清洁驾驶室内外各镜面与各风挡玻璃； 2. 检查整车外观、油漆和腐蚀情况； 3. 检查、调整轮胎状况和车轮固定螺栓紧固情况； 4. 检查、调整刮水器刮片状况； 5. 检查全车各部位液体泄漏情况； 6. 检查、润滑车门和发动机罩

续表

分类	作业内容
车身内部	1. 检查、调整灯光、信号状态； 2. 检查提醒指示器和警告蜂鸣器的状态并实施必要的维修； 3. 检查、调整喇叭的状态； 4. 检查刮水器、风挡玻璃清洗器状态； 5. 检查风挡玻璃除霜器工作情况； 6. 检查、调整后视镜、遮阳板； 7. 检查转向盘自由行程以及转向盘回转平顺情况； 8. 检查、调整前排座椅状态； 9. 检查、调整安全带技术状况； 10. 检查油门踏板操作情况； 11. 检查离合器、制动器踏板的自由行程以及踩下、抬起的平顺情况； 12. 检查制动器的制动性能； 13. 检查手制动器的驻车性能； 14. 检查自动变速器停车挡的性能
发动机舱	1. 检查、补充发动机机油； 2. 检查、补充发动机冷却液； 3. 检查、补充风挡玻璃清洗液量； 4. 检查并清除散热器的污物，紧固软管管箍，检查其老化情况； 5. 检查、调整蓄电池液面高度或检查免维护蓄电池电量显示情况； 6. 检查、补充制动液液位； 7. 检查、调整发动机驱动皮带张紧度，检查其老化、断裂等损坏情况； 8. 检查、补充自动变速器油； 9. 检查、补充转向助力油； 10. 检查排气系统固定和其他变化情况

2. 定期维护保养

定期维护保养需维修厂家负责进行。

按照汽车生产厂家规定，以间隔里程或间隔时间先到为准。其具体项目依据厂家推荐，以清洁、检查、紧固、调整、润滑和补给为主，维护保养范围随着行驶里程的增加逐步扩大，内容逐步加深，也需结合车辆实际状况。

表9-2为大众速腾轿车常规保养项目单。

表 9-2 大众速腾轿车常规保养项目单

保养间隔			一汽大众特许经销商　速腾轿车常规保养项目单
10 000 km 或 1 年之后每 10 000 km 或每 1 年定期保养	10 000 km 或 1 年定期保养	5 000 km 首次保养	1. 查询自诊断系统故障存储器
			2. 目测检查发动机及机舱内的其他部件是否有泄漏或损坏（从上面）
			3. 检查蓄电池固定情况，电眼颜色（免维护蓄电池无电眼的检查电瓶电压）
			4. 检查制动液液位，必要时添加
			5. 检查风窗清洗液液面高度，必要时添加清洗液
			6. 检查冷却液液面高度及浓度（防冻能力），如必要，添加冷却液或调整浓度
			7. 更换发动机机油及机油滤清器
			8. 检查前、后制动摩擦衬块厚度
			9. 检查所有轮胎（包括备胎）的花纹深度、磨损形态，清除轮胎上的异物
			10. 目测检查车身底部防护层和底饰板是否破损
			11. 目测检查制动系统是否有泄漏和损坏
			12. 目测检查变速箱、主减速器及等速万向节防护套有无泄漏或损坏（从下面）
			13. 检查转向横拉杆球头的间隙、紧固程度及防尘套状况
			14. 检查手动变速箱内的齿轮油油位，如必要，添加齿轮油
			15. 检查喷油嘴状态，必要时采取相应维修保养措施
			16. 进行轮胎换位，按要求检查轮胎气压，必要时校正，检查车轮螺栓拧紧力矩
			17. 润滑车门止动器
			18. 加注燃油添加剂 G17（备件号：G00170003）
			19. 保养周期指示器复位
			20. 试车：检查脚、手制动器，变速箱，离合器，转向及空调等功能，查询故障存储器，终检
			21. 检查安全气囊和安全带状态及安全气囊罩壳是否损坏
			22. 检查车内所有开关、车内照明、用电器、显示器和仪表各警报指示灯的功能

续表

保养间隔			一汽大众特许经销商 速腾轿车常规保养项目单
10 000 km 或 1 年 之后 每 10 000 km 或每 1 年 定期 保养	10 000 km 或 1 年 定期 保养		23. 检查滑动天窗功能、清洗导轨并用专用润滑脂润滑
			24. 检查车外前部、后部、行李箱照明灯等所有灯光状态和闪烁报警装置功能
			25. 检查风窗刮水器、清洗器及大灯清洗装置功能，如必要，调整喷嘴
			26. 检查火花塞状态，必要时采取相应维修保养措施
			27. 清洗空气滤清器壳体，检查滤芯状态，必要时采取相应维修保养措施
			28. 粉尘及花粉过滤器：清洗外壳，检查滤芯状态，必要时采取相应维修保养措施
			29. 检查 09G 型自动变速箱润滑油（ATF）油位，如必要，添加润滑油（ATF）
			30. 检查排气系统是否有泄漏或损坏及紧固程度
			31. 检查大灯光束，如必要，调整大灯光束
其他保养项目			32. 更换火花塞（首次 20 000 km 或 2 年，之后每 20 000 km 或每 2 年）
			33. 更换空气滤清器滤芯，清洗壳体（首次 20 000 km 或 2 年，之后每 20 000 km 或每 2 年）
			34. 粉尘及花粉过滤器：清洗外壳，更换滤芯（首次 30 000 km 或 2 年，之后每 30 000 km 或每 2 年）
			35. 检查多楔皮带的状态（首次 30 000 km 或 2 年，之后每 30 000 km 或每 2 年），必要时更换
			36. 更换燃油滤清器（首次 30 000 km 或 2 年，之后每 30 000 km 或每 2 年）
			37. 检查手动变速箱内的齿轮油油位及油质，如必要，添加或更换齿轮油（首次 60 000 km 或 4 年，之后每 60 000 km 或每 4 年）
			38. 检查 09G 型自动变速箱润滑油（ATF）油位及油质，必要时采取相应维修保养措施（首次 60 000 km 或 4 年，之后每 60 000 km 或每 4 年）
			39. 检查 DSG-7 挡直接换挡变速箱齿轮油油质，必要时更换齿轮油（首次 60 000 km 或 4 年，之后每 60 000 km 或每 4 年）
			40. 对带气体放电灯泡的大灯（成灯）的进行基本设置（首次 60 000 km 或 4 年，之后每 60 000 km 或每 4 年）

其他保养项目	41. 更换制动液（每 24 个月）
注意： ◇ 所有保养项目，请检修工根据车辆行驶里程/时间进行选择（以先达到者为准）。 ◇ 本项目单的保养内容是根据汽车正常行驶情况下制定的，对于经常在恶劣条件下使用的车辆，某些保养内容需在两次保养间隔之间提前进行。特别是经常停车/起动及经常在低温条件下使用的车辆，应经常检查机油油位，并定期更换机油。经常在高尘环境或地区使用的车辆应增加清洗壳体及更换空气滤清器滤芯的频次。 ◇ 每次保养时请在表格上方的行驶里程表上打钩。 ◇ 每次定期保养（包括 5 000 km 首次保养）的燃油添加剂 G17 均由用户购买。 ◇ 检查是否加装或改装其他电气设备或机械附件，并在本次保养单中注明"有"或"无"，若有，请详细注明！	

根据上表的保养项目，维修厂家会制定相应的汽车保养项目及价格一览表，方便车主了解每次保养所需项目和价格。

9.3 电动汽车维护保养

电动汽车无发动机，核心部件为电池、电机和电力系统，主要的维护保养工作也是围绕着这三部分进行。

其保养周期按照汽车生产厂家规定，以间隔里程或间隔时间先到为准。纯电车型一般 5 000 km 左右进行首保，之后每 10 000 km 保养一次，不同车型略有差异。

维护保养项目大多为检查排除，涵盖动力电池系统、电机系统以及电气电控系统等。表 9 - 3 为北汽新能源系列维护保养项目。

表 9 - 3　北汽新能源系列维护保养项目

系统类别	检查内容	处理方法
动力电池系统	安全防护	检查并视情处理
	绝缘	检查并视情处理
	接插件状态	检查并视情处理
	标识	检查并视情处理
	螺栓紧固力矩	检查并视情处理
	动力电池加热功能检查	检查并视情处理
	外部检查	清洁处理
	数据采集	分析并视情处理
	安全防护	检查并视情处理
	绝缘检查	检查并视情处理

续表

系统类别	检查内容	处理方法
电机系统	电机及控制器冷却检查	检查并视情处理
	外部检查	清洁处理
电气电控系统	机舱及各部位低压线束防护及固定	检查并视情处理
	机舱及各部位插接件状态	检查并视情处理
	机舱及底盘高压线束防护及固定	检查并视情处理
	机舱及底盘各高低压电器固定及插接件连接状态	检查并视情处理
	蓄电池	检查电量状态,并视情况处理
	灯光、信号	检查并视情处理
	充电口及高压线	检查并视情处理
	高压绝缘监测系统	检测并视情处理
	故障诊断系统报警监测	检测检查并视情处理
制动系统	驻车制动器	检查效能并视情处理
	制动装置	泄漏检查
	制动液	液位检查
	制动真空泵、控制器	检查(漏气)并视情处理
	前、后制动摩擦副	检查并视情更换
转向系统	转向盘及转向管柱连接紧固状态	检查并视情处理
	转向机本体连接紧固状态	检查并视情处理
	检查转向横拉杆间隙及防尘套	检查并视情处理
	检查转向助力功能	路试并视情处理
车身系统	风挡玻璃及洗涤雨刷	检查并视情更换处理
	顶窗	检查并视情处理
	座椅及滑道	检查并视情处理
	门锁及铰链	检查并视情处理
	机舱铰链及锁扣	检查并视情处理
	后背门(厢)铰链及锁	检查并视情处理
传动及悬架系统	变速箱(减速箱)	检查减速箱连接、紧固及渗漏
	传动轴	检查球笼间隙及护罩,并视情处理
	轮辋	检查、紧固,视情处理
	轮胎	检查胎压并视情处理
	副车架及各悬置连接状态	检查紧固
	前后减振器	检查渗漏情况并紧固,并视情更换

续表

系统类别	检查内容	处理方法
冷却系统	冷却液液位及冰点	液位及冰点测试，并视情处理
	冷却管路	检查渗漏情况并处理
	水泵	检查渗漏情况并处理
	散热水箱	检查并清洁
空调系统	空调冷、暖风功能	测试并处理
	压缩机及控制器	检查压缩机及控制器安装及线束插接件状态
	空调管路及连接固定	管路防护检查并视情处理
	空调系统冷凝水排水	检查并视情处理
	空调滤芯	检查并视情处理

案 例 研 学

小张最近购买一台大众速腾轿车，向你请教汽车维护保养的相关知识。请结合你所学，为小张解答。

1. 汽车养护的原则是什么？

2. 汽车维护保养工作中，有哪些类别？哪些是小张自己需要实施的？哪些是需要专业的维修厂家来实施的？

3. 定期维护保养的内容有哪些？小张应在何时进行定期维护保养？

4. 小张常常要驾车去工地，维护保养方面你有何建议？

网络助学

请扫描下方二维码观看视频，辅助学习汽车日常保养知识、汽车保养项目、纯电动车汽车养护知识。

网络助学

课外拓学

请扫描下方二维码观看视频，了解汽车车漆养护知识、汽车养护方面常见问题、电动车养护费用、汽车正常保养使用的寿命。

课外拓学

实践操作

【汽车的常规维护保养实训任务单】

实训准备：实训用车 1 辆。
实训目的： 1. 能够说出汽车日常维护保养的注意事项； 2. 能够说出汽车定期保养的内容。

续表

实训实施:
1. 结合实训车辆,说出汽车维护保养的基本内容。
(1) 清洁: _____
_____

(2) 检查: _____
_____

(3) 紧固: _____
_____

(4) 调整: _____
_____

(5) 润滑: _____
_____

(6) 补给: _____
_____

2. 对照实训车辆讲解定期保养的各项目。

3. 一辆大众速腾行驶里程为 5.5 万 km、行使时间为 6 年,根据表 9-2 写出该车应进行的保养项目。

实训成绩:

教师签名:

任务总结

【思维导图】

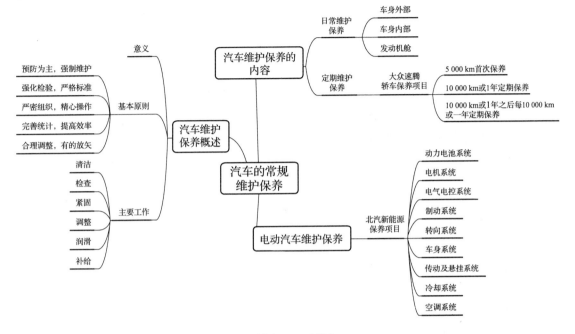

项目三习题

一、填空

1. 自动变速器 P 挡为_____挡、R 挡为_____挡、N 挡为_____挡、D 挡为_____挡、S 挡为_____挡。
2. 汽车空调按控制方式不同可以分为：_____、_____。
3. 汽车胎压警报灯亮可能的原因有：_____、_____、_____和_____。
4. 汽油的抗爆性指标是用_____衡量的。
5. 柴油的牌号是由_____进行编号的。
6. 一般自然吸气式汽车发动机每_____更换一次机油，涡轮增压式汽车发动机每_____更换一次机油。
7. 日常维护保养汽车要坚持"三检"，指_____。
8. 日常维护保养汽车要保持"四清"，指_____。
9. 日常维护保养汽车要防止"四漏"，指_____。

二、选择

1. 以下哪项操作不能取消定速巡航（　　）?
   A. 按关闭定速巡航键　　　　　　　B. 轻踩制动踏板
   C. 踩下离合器踏板　　　　　　　　D. 开启双闪指示灯

2. 仪表上指示灯 的含义为（　　）。
A. 发动机机油压力过低　　　　　　B. 发动机冷却液系统故障
C. 车窗玻璃清洗液不足　　　　　　D. 油箱内几乎无燃油
3. 以下哪项不属于仪表的显示内容（　　）
A. 转速表　　　　　　　　　　　　B. 剩余燃油可行驶里程
C. 车速表　　　　　　　　　　　　D. 安全气囊个数
4. 下列不属于现用的车用乙醇汽油牌号的是（　　）。
A. 89 号　　　B. 97 号　　　C. 95 号　　　D. 98 号
5. 冬天最低气温达到 -30℃ 的东北地区，应选用什么牌号的机油（　　）？
A. 5W-30　　　B. 15W-40　　　C. 20W-40　　　D. 30W
6. 下列不属于现用柴油牌号的是（　　）。
A. 5 号　　　B. 0 号　　　C. -20 号　　　D. -25 号
7. 下列哪项不会有损汽车使用寿命（　　）？
A. 磨损和腐蚀　　　　　　　　　　B. 积垢和变质
C. 日常维护时常去 4S 店　　　　　D. 操作失误
8. 进店维护保养参考的时机为（　　）。
A. 定程　　　　　　　　　　　　　B. 定时
C. 定程结合定时　　　　　　　　　D. 按需
9. 汽车日常维护与保养过程中错误的是（　　）
A. 夏季多雨因此不需洗车　　　　　B. 时常检查汽车工作液泄漏情况
C. 保持汽车冷却液充足　　　　　　D. 注意内饰塑料及橡胶件判断

三、判断

1. 行车中换挡时，应迅速踩下离合器踏板并缓慢抬起，避免增加离合器的磨损。
（　　）
2. 日常行车，应将脚轻置于制动踏板上，时刻做好制动准备。（　　）
3. 开启定速巡航开关，当前速度即为巡航速度。（　　）
4. 汽油辛烷值越高，抗爆性越差。（　　）
5. 不同品牌的冷冻液不可混合使用。（　　）
6. 汽油选用的时候，牌号越高越好。（　　）
7. 使用汽车的过程中，尽量去正规维修机构进行维修保养。（　　）
8. 大众速腾轿车每 1 万 km 需要进店保养一次，每隔一年还需要进店保养一次。
（　　）
9. 发动机的冷却水温过低对汽车有害无益。（　　）

参考文献

[1] 李春明. 汽车底盘电控技术 [M]. 北京：机械工业出版社，2020.
[2] 黄俊平. 汽车性能与使用 [M]. 北京：机械工业出版社，2015.
[3] 韩东. 汽车维护保养实训 [M]. 2版. 北京：高等教育出版社，2014.
[4] 焦传君. 汽车发动机构造与维修 [M]. 3版. 北京：高等教育出版社，2018.
[5] 赵振宁. 新能源汽车技术概述 [M]. 北京：北京理工大学出版社，2016.
[6] 张思杨. 新能源汽车概论 [M]. 成都：电子科技大学出版社，2017.
[7] 汽车之家网：www.autohome.com.cn.
[8] 爱卡汽车网：www.xcar.com.cn.
[9] 太平洋汽车网：www.pcauto.com.cn.
[10] 百度图片网：image.baidu.com.
[11] 汽车维修技术网：www.qcwxjs.com.